Über dieses Buch

Aus Hunderten von Gesprächen, die der Dichter Reiner Kunze mit
Schülern, Lehrlingen, Arbeitern und Soldaten der Nationalen
Volksarmee führte, und aus Erfahrungen mit seiner eigenen
halbwüchsigen Tochter entstanden diese Prosatexte, in denen er mit
knappen, lakonischen Worten den Alltag von Jugendlichen in der
DDR schildert. Der Titel, ein Zitat aus der ›Grasharfe‹ von Truman
Capote, ist bittere Ironie, denn nach allem, was Reiner Kunze
erfahren hat, sind die Jahre der Entwicklung für kritische junge
Menschen, die sich im sozialistischen Deutschland selbst verwirkli-
chen wollen, gar nicht so wunderbar. Da werden schon Kinder,
Spielzeugmaschinenpistolen im Anschlag, zum Haß auf den Klassenfeind gedrillt. Da lernen Elf- und Zwölfjährige in der sozialistischen Wehrerziehung, wie man Menschen tötet. Beklemmender
noch als die Machtausübung von oben schildert der Autor die
perfekten Unterdrückungsmechanismen, durch die Spießer und
Ordnungshüter der Jugend Spontaneität austreiben und harmlose
individuelle Lebensäußerungen: Jeans tragen, Jazzgruppen nachrei-
sen, auf dem Brunnenrand Gitarre spielen, gammeln, trampen, ein
Orgelkonzert in der Kirche besuchen…
Die Erstausgabe erschien 1976 in der Bundesrepublik. Kurz darauf
wurde Reiner Kunze aus dem Schriftstellerverband der DDR
ausgeschlossen. Bei uns lösten ›Die wunderbaren Jahre‹ eine
Betroffenheit aus, die diesen stillen Prosaband, in dem »keine
einzige Zeile zufällig und so auch keine einzige Zeile überflüssig ist«
(Böll), zu einem Bestseller machte. Inzwischen ist das Buch in zehn
Sprachen übersetzt worden. Es wird nach einem Drehbuch von
Reiner Kunze und unter seiner Regie verfilmt.

Angaben über den Autor finden Sie auf Seite 127.

Reiner Kunze

Die wunderbaren Jahre

Prosa

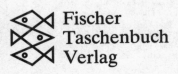
Fischer
Taschenbuch
Verlag

Fischer Taschenbuch Verlag
    1.– 30. Tausend: September 1978
  31.– 80. Tausend: September 1978
  81.–100. Tausend: Januar 1979
101.–120. Tausend: Juni 1979
121.–140. Tausend: November 1979
141.–160. Tausend: Dezember 1979
161.–190. Tausend: April 1980
191.–220. Tausend: September 1980
221.–270. Tausend: August 1981
Ungekürzte Ausgabe

Umschlagentwurf: Jan Buchholz/Reni Hinsch

Fischer Taschenbuch Verlag GmbH, Frankfurt am Main
Lizenzausgabe mit freundlicher Genehmigung des
S. Fischer Verlages GmbH, Frankfurt am Main
© S. Fischer Verlag GmbH, Frankfurt am Main 1976
Druck und Verarbeitung: Ebner Ulm
Printed in Germany
580-ISBN-3-596-22074-2

INHALT

Weil unser einziges
nest unsere flügel sind
Erik Lindegren

Friedenskinder

SECHSJÄHRIGER

Er durchbohrt Spielzeugsoldaten mit Stecknadeln. Er stößt sie ihnen in den Bauch, bis die Spitze aus dem Rücken tritt. Er stößt sie ihnen in den Rücken, bis die Spitze aus der Brust tritt.
Sie fallen.
„Und warum gerade diese?"
„Das sind doch die andern."

SIEBENJÄHRIGER

In jeder Hand hält er einen Revolver, vor der Brust hat er eine Spielzeugmaschinenpistole hängen.

„Was sagt denn deine Mutter zu diesen Waffen?"

„Die hat sie mir doch gekauft."

„Und wozu?"

„Gegen die Bösen."

„Und wer ist gut?"

„Lenin."

„Lenin? Wer ist das?"

Er denkt angestrengt nach, weiß aber nicht zu antworten.

„Du weißt nicht, wer Lenin ist?"

„Der Hauptmann."

ACHTJÄHRIGER

Sie waren aus P., und wir bekamen den Zeltplatz neben ihnen zugewiesen", sagte der Mann aus W. „Wir brauchten uns nur zu zeigen – schon wurden wir von dem Jungen im Nachbarzelt mit einer Spielzeugpistole beschossen. Als unsere beiden Jungs ihn zur Rede stellten, sagte er, sein Vater habe gesagt, wir seien Feinde – und sofort zog er sich wieder in den Zelteingang zurück und eröffnete das Feuer auf sie. Unsere Jungs waren schnell damit fertig: Der spinnt. Ich muß Ihnen aber sagen, als ich nach acht Tagen noch immer nicht ins Auto steigen konnte, ohne eine Mündung auf mich gerichtet zu sehen, ging mir das auf die Nerven."

NEUNJÄHRIGE

Pfarrer:	Sagen wir, es käme ein Onkel aus Amerika . . .
Erster Schüler:	Gibt's ja nicht. Der wird doch gleich von den Panzern erschossen. (Mit der Geste eines Maschinenpistolen-schützen) Eeng–peng–peng–peng! (Die anderen Schüler lachen.)
Pfarrer:	Aber wieso denn?
Erster Schüler:	Amerikaner sind doch Feinde.
Pfarrer:	Und Angela Davis? Habt ihr nicht für Angela Davis eine Wandzeitung gemacht?
Erster Schüler:	Die ist ja keine Amerikanerin. Die ist ja Kommunistin.
Zweiter Schüler:	Gar nicht, die ist Neger.

ELFJÄHRIGER

Ich bin in den Gruppenrat gewählt worden", sagt der Junge und spießt Schinkenwürfel auf die Gabel. Der Mann, der das Essen für ihn bestellt hat, schweigt. „Ich bin verantwortlich für sozialistische Wehrerziehung", sagt der Junge.

„Wofür?"

„Für sozialistische Wehrerziehung." Er saugt Makkaroni von der Unterlippe.

„Und was mußt du da tun?"

„Ich bereite Manöver vor und so weiter."

ZWÖLFJÄHRIGER

Beinahe hätte ich Pistolenschießen gelernt, aber richtig, auf dem Schützenhof. Du kannst mit der Straßenbahn bis hin fahren, hat der Offizier gesagt. Der kam mitten in der Russischstunde, auf einmal ging die Tür auf, und er hat gefragt, wer gern Pistole schießen möchte . . . Ich habe mich als erster gemeldet, bloß – ich habe ein paar Impulse zuviel . . . Da mußt du fünfzehn Sekunden ausatmen und die Pistole mit gestrecktem Arm in ein Loch halten, und dann können die genau ablesen, wieviel Impulse du hast. Aber was denkst du, wie schwer so ein Ding ist! Ein Kilo und dreihundert Gramm . . . Und einer hat Pech gehabt, sage ich dir. Der hatte ganz wenig Impulse, das wäre was ganz Seltenes, und weißt du was? Der hatte eine zu kleine Hand, der kam mit dem Finger nicht an den Abzug."

SCHIESSBEFEHL

Ich fahre zum Vater, sagt er, nimmt das Motorrad,
und ich denke, warum kommt er denn nicht wieder,
wo der bloß bleibt, langsam werde ich unruhig, da
kommen die und sagen, ich soll nach P . . . kommen,
er hat über die Grenze gewollt, und sie haben ihn er-
wischt. Also bin ich mit dem nächsten Zug nach P . . .
gefahren, er hat schon gestanden, sagen sie, und als
ich mich nicht mehr beherrschen konnte und mir die
Tränen kamen, haben sie gesagt, machen Sie sich
keine Sorgen, gute Frau, Ihr Gerhard lebt, er hat gut
gegessen, und jetzt schläft er. Und wenn's während der
Armeezeit gewesen wäre, wär's schlimmer. Er hatte
doch gerade erst seinen Facharbeiter mit Abitur gemacht, und am Montag sollte er einrücken . . . Und
dann, am Montagnachmittag, kommen die von hier
und sagen, ich soll am Dienstag nach P . . . kommen.
Ich backe einen Kuchen, kaufe ein, und dann sagen
sie mir in P . . . , ob ich denn nichts wüßte, ob denn
unsere nichts gesagt hätten, er hat sich erhängt. Mit
der Unterhose. Und sie hätten ihm einen Zettel gegeben, ob er mir nicht ein paar Worte schreiben wollte,
aber er hätte abgelehnt. Wie er mir das hat antun können . . . Und sehen darf ich ihn nicht, nur noch kurz
vor der Feier, die im Gefängnis stattfindet. Aushän-
digen können sie mir nur die Urne."

Federn

CLOWN, MAURER ODER DICHTER

Ich gebe zu, gesagt zu haben: Kuchenteller. Ich gebe ebenfalls zu, auf die Frage des Sohnes, ob er allen Kuchen auf den Teller legen solle, geantwortet zu haben: allen. Und ich stelle nicht in Abrede, daß der Kuchen drei Viertel der Fläche des Küchentischs einnahm. Kann man denn aber von einem zehnjährigen Jungen nicht erwarten, daß er weiß, was gemeint ist, wenn man Kuchenteller sagt? Das Händewaschen hatte ich überwacht, und dann war ich hinausgegangen, um meine Freunde zu begrüßen, die ich zum Kartoffelkuchenessen eingeladen hatte. Frischer Kartoffelkuchen von unserem Bäcker ist eine Delikatesse.

Als ich in die Küche zurückkehrte, kniete der Sohn auf dem Tisch. Auf einem jener Kuchenteller, die nur wenig größer sind als eine Untertasse, hatte er einen Kartoffelkuchenturm errichtet, neben dem der schiefe Turm zu Pisa senkrecht gewirkt hätte. Ich sparte nicht mit Stimme.

Ob er denn nicht sähe, daß der Teller zu klein sei.

Er legte sich mit der Wange auf den Tisch, um den Teller unter diesem völlig neuen Gesichtspunkt zu betrachten.

Er müsse doch sehen, daß der Kuchen nicht auf diesen Teller passe.

Aber der Kuchen passe doch, entgegnete er. Das eine

Blech lehnte am Tischbein, und auch das andere war fast leer.

Ich begann, mich laut zu fragen, was einmal aus einem Menschen werden solle, der einen Quadratmeter Kuchen auf eine Untertasse stapelt, ohne auch nur einen Augenblick daran zu zweifeln, daß sie groß genug sein könnte.

Da standen meine Freunde bereits in der Tür.

„Was aus dem Jungen werden soll?" fragte der erste, meine Worte aufnehmend. Er peilte den Turm an. „Der Junge offenbart ein erstaunliches Gefühl für Balance. Entweder er geht einmal zum Zirkus, oder er wird Maurer."

Der zweite ging kopfschüttelnd um den Turm herum. „Wo hast du nur deine Augen?" fragte er mich. Erst jetzt entdeckte ich, daß die von mir geschnittenen Kuchenstücke geviertelt waren, als wären wir zahnlose Greise. Mein Freund sah die größeren Zusammenhänge. „Siehst du denn nicht, daß in dem Jungen ein Künstler steckt?" sagte er. „Der Junge hat Mut zum Niegesehenen. Er verknüpft die Dinge so miteinander, daß wir staunen. Er hat schöpferische Ausdauer. Vielleicht wird aus ihm sogar ein Dichter, wer weiß."

„Eher ein richtiger oder ein genialer Soldat", sagte der dritte, den ich jedoch sogleich unterbrach. „Soldat? Wieso Soldat?" fragte ich auf die Gefahr hin, dem Sohn die Wörter wieder abgewöhnen zu müssen, die zu erwarten waren, sobald sich dieser Freund seiner Armeezeit erinnerte. Er antwortete: „Ein richtiger

Soldat, weil er auch den idiotischsten Befehl ausführt. Und ein genialer Soldat, weil er ihn so ausführt, daß das Idiotische des Befehls augenfällig wird. Ein Mensch wie er kann zum Segen der Truppe werden."

Ich hoffte, der Sohn würde das meiste nicht verstanden haben. Am Abend hockte er sich jedoch zu Füßen seiner Schwester aufs Bett und fragte sie, was zu werden sie ihm rate: Clown, Maurer oder Dichter. Soldat zu werden, zog er nicht in Betracht, weil er es dann mit Vorgesetzten wie seinem Vater zu tun haben könnte.

Seitdem bedenke ich, wer bei uns zu Gast ist, bevor ich eines meiner Kinder kritisiere.

DIE FLAUMFEDER

Wir führten das Gespräch zweier Väter, die das Schicksal gleichermaßen fest in den Griff genommen hat: beide sind wir Väter von Töchtern. Da schwebte in den Schein der Küchenlampe eine Flaumfeder, und ich blickte Honza verwundert an. „Gott gibt ein Stichwort", sagte er und begann zu erzählen: „Eines Tages kommt die Tochter mitten aus dem Unterricht in die Bibliothek gelaufen und sagt: Du sollst bitte zum Direktor kommen, aber gleich.
Ich sage: Zum Direktor?
Es ist nicht wegen der Schule, sagt sie.
Weswegen dann?
Wegen der Gänse.
Wegen welcher Gänse?
Wegen der Gänse vom Hausmeister."
Honza hob die Feder auf, die neben seinem Fuß niedergesunken war. „Du kennst diese gesprächige Art", sagte er. „Für jedes Wort ein Bittgesuch." Seine Augenbrauen, die wie Krähenflügel abstehen, begannen sich einzuschwingen, und er fuhr fort:
„Was ist mit den Gänsen? frage ich also.
Wir haben sie gefüttert, sagt sie.
Und weiter?
Ich wollte eben mal wissen, ob die das fressen . . . Weil

das doch auch aussieht wie Körner . . . Kann ich doch nichts dafür, wenn die so blöd sind . . .

Ich sage: Würdest du vielleicht die Güte haben, noch zu erwähnen, womit du sie gefüttert hast?

Na – mit Reißzwecken."

Honza bemerkte die Schluckbewegung, die ich unwillkürlich machte, und sagte: „Auch ich habe mich damals den Gänsen näher gefühlt . . . Für den Direktor aber zählte mein Verwandtschaftsgrad zur Tochter. Wissen Sie, wie selten Hausmeister sind? fragt er mich, als hätte sie nicht die Gänse, sondern den Hausmeister mit Reißzwecken gefüttert. Und wissen Sie, was der Hausmeister für eine Schule bedeutet? fragt er weiter. Ich will es Ihnen erklären, sagt er. Ein Hausmeister ist so selten, daß diese Schule schon einmal ein Vierteljahr lang ohne Hausmeister gewesen ist, und er bedeutet für einen reibungslosen Schulbetrieb so viel, daß ich ein zweites Vierteljahr ohne Hausmeister nicht überleben werde. – Was sollte ich erwidern? Damit Sie die Tragweite der Tat Ihrer Tochter voll ermessen können, sagt er schließlich, der Hausmeister trägt sich mit dem Gedanken zu kündigen.

Ich frage: Sind die Gänse denn gestorben?

Die eine hat heute morgen ununterbrochen den Kopf verdreht und mußte abgestochen werden, sagt der Direktor. Die restlichen vier werden im Laufe des Tages abgestochen werden müssen. Polnische Zuchtgänse. Import.

Ich sage: Sehen Sie denn eine Möglichkeit . . .

Das mindeste ist, daß Sie die fünf Gänse kaufen, sagt er." Honza drehte die Feder zwischen Daumen und Zeigefinger. „Aber das sind längst vergangene Zeiten, das war in der achten Klasse. Jetzt geht sie in die neunte." Und in den Flaum blasend, fügte er hinzu: „Nur segelt manchmal so eine Feder vom Gardinenbrett und erinnert an die hoffnungsvollen Tage, da die Tochter noch von Wißbegier besessen war."

Verteidigung
einer unmöglichen Metapher

Ich war elf, und später wurde ich
sechzehn. Verdienste erwarb ich
mir keine, aber das waren die
wunderbaren Jahre.
Truman Capote, Die Grasharfe

FÜNFZEHN

Sie trägt einen Rock, den kann man nicht be-
schreiben, denn schon ein einziges Wort wäre zu
lang. Ihr Schal dagegen ähnelt einer Doppelschleppe:
lässig um den Hals geworfen, fällt er in ganzer Breite
über Schienbein und Wade. (Am liebsten hätte sie
einen Schal, an dem mindestens drei Großmütter zweieinhalb Jahre gestrickt haben – eine Art Niagara-Fall
aus Wolle. Ich glaube, von einem solchen Schal würde
sie behaupten, daß er genau ihrem Lebensgefühl entspricht. Doch wer hat vor zweieinhalb Jahren wissen
können, daß solche Schals heute Mode sein würden.)
Zum Schal trägt sie Tennisschuhe, auf denen sich
jeder ihrer Freunde und jede ihrer Freundinnen un-
terschrieben haben. Sie ist fünfzehn Jahre alt und
gibt nichts auf die Meinung uralter Leute – das sind
alle Leute über dreißig.
Könnte einer von ihnen sie verstehen, selbst wenn er
sich bemühen würde? Ich bin über dreißig.
Wenn sie Musik hört, vibrieren noch im übernächsten
Zimmer die Türfüllungen. Ich weiß, diese Lautstärke
bedeutet für sie Lustgewinn. Teilbefriedigung ihres
Bedürfnisses nach Protest. Überschallverdrängung un-
angenehmer logischer Schlüsse. Trance. Dennoch er-
tappe ich mich immer wieder bei einer Kurzschluß-
reaktion: Ich spüre plötzlich den Drang in mir, sie

zu bitten, das Radio leiser zu stellen. Wie also könnte ich sie verstehen – bei diesem Nervensystem?

Noch hinderlicher ist die Neigung, allzu hochragende Gedanken erden zu wollen.

Auf den Möbeln ihres Zimmers flockt der Staub. Unter ihrem Bett wallt er. Dazwischen liegen Haarklemmen, ein Taschenspiegel, Knautschlacklederreste, Schnellhefter, Apfelstiele, ein Plastikbeutel mit der Aufschrift „Der Duft der großen weiten Welt", angelesene und übereinandergestülpte Bücher (Hesse, Karl May, Hölderlin), Jeans mit in sich gekehrten Hosenbeinen, halb- und dreiviertel gewendete Pullover, Strumpfhosen, Nylon und benutzte Taschentücher. (Die Ausläufer dieser Hügellandschaft erstrecken sich bis ins Bad und in die Küche.) Ich weiß: Sie will sich nicht den Nichtigkeiten des Lebens ausliefern. Sie fürchtet die Einengung des Blicks, des Geistes. Sie fürchtet die Abstumpfung der Seele durch Wiederholung! Außerdem wägt sie die Tätigkeiten gegeneinander ab nach dem Maß an Unlustgefühlen, das mit ihnen verbunden sein könnte, und betrachtet es als Ausdruck persönlicher Freiheit, die unlustintensiveren zu ignorieren. Doch nicht nur, daß ich ab und zu heimlich ihr Zimmer wische, um ihre Mutter vor Herzkrämpfen zu bewahren – ich muß mich auch der Versuchung erwehren, diese Nichtigkeiten ins Blickfeld zu rücken und auf die Ausbildung innerer Zwänge hinzuwirken.

Einmal bin ich dieser Versuchung erlegen.

Sie ekelt sich schrecklich vor Spinnen. Also sagte ich: „Unter deinem Bett waren zwei Spinnennester."

Ihre mit lila Augentusche nachgedunkelten Lider verschwanden hinter den hervortretenden Augäpfeln, und sie begann „Iix! Ääx! Uh!" zu rufen, so daß ihre Englischlehrerin, wäre sie zugegen gewesen, von soviel Kehlkopfknacklauten – englisch „glottal stops" – ohnmächtig geworden wäre. „Und warum bauen die ihre Nester gerade bei mir unterm Bett?"

„Dort werden sie nicht oft gestört." Direkter wollte ich nicht werden, und sie ist intelligent.

Am Abend hatte sie ihr inneres Gleichgewicht wiedergewonnen. Im Bett liegend, machte sie einen fast überlegenen Eindruck. Ihre Hausschuhe standen auf dem Klavier. „Die stelle ich jetzt immer dorthin", sagte sie. „Damit keine Spinnen hineinkriechen können."

DRAHT

Sie bedauert es, nicht an einer Sehstörung zu leiden. Wenn sie an einer Sehstörung litte, könnte sie eine Nickelbrille tragen. Die Eltern eines Schülers, der in der Schule eine Nickelbrille getragen hatte, sind verwarnt worden. Nickelbrillen seien imperialistischer Modeeinfluß, Dekadenz. Zum Beweis hatte der Klassenlehrer Bilder aus einer Westillustrierten vorgelegt, die langhaarige männliche Nickelbrillenträger zeigten.

An dem Morgen, an dem sie mit Nickelbrille zur Schule gehen könnte, würde sie gern gehen. Ihr Urgroßvater trug eine Nickelbrille. Er war Bergarbeiter. Ihr Großvater trug eine Nickelbrille. Er war Bergarbeiter. Zum Beweis würde sie die Fotos hinblättern.

MITSCHÜLER

Sie fand, die Massen, also ihre Freunde, müßten unbedingt die farbige Ansichtskarte sehen, die sie aus Japan bekommen hatte: Tokioter Geschäftsstraße am Abend. Sie nahm die Karte mit in die Schule, und die Massen ließen beim Anblick des Exoten kleine Kaugummiblasen zwischen den Zähnen zerplatzen.

In der Pause erteilte ihr der Klassenlehrer einen Verweis. Einer ihrer Mitschüler hatte ihm hinterbracht, sie betreibe innerhalb des Schulgeländes Propaganda für das kapitalistische System.

MENSCHENBILD (I)

Lehrer: Sie kommen immer in so schmutzigen Pullovern zur Schule.

Schülerin: Entschuldigen Sie, aber Sie beleidigen meine Mutter.

Lehrer: Ich meine doch nicht, daß die Pullover nicht gewaschen sind. Aber Sie tragen so dunkle Farben.

Schülerin: Ich bin blond.

Lehrer: Ich wünsche, daß die Schüler meiner Klasse optimistische Farben tragen. Außerdem sehen Ihre langen Haare unordentlich aus.

Schülerin: Ich kämme sie mehrmals am Tag.

Lehrer: Aber der Mittelscheitel ist nicht gerade.

Ort des Dialogs: Erweiterte Oberschule in G.
Zeit: Zweihundertdreiunddreißig Jahre nach Hinscheiden Friedrich Wilhelms des Ersten, König von Preußen.

MENSCHENBILD (II)

Na gut", sagte der Direktor, „es waren keine aus-
gewaschenen Jeans, es waren hellblaue Cordhosen,
einverstanden. Aber müssen es überhaupt Hosen sein?
Wenn die Mädel so angetreten sind, alle in ihren kur-
zen Röcken, das gibt doch ein ganz anderes Bild."
Dabei schnalzte er mit der Zunge.

ZWISCHENAKT

Sie kommt barfuß von draußen, öffnet, das Bein gestreckt, mit einem Zehenhieb auf die Klinke die Tür zu ihrem Zimmer, angelt sich mit dem kleinen Finger einen Büstenhalter aus der Lade, hält ihn hoch, bis die mit ihm verschlungenen Wäschestücke abgefallen sind, und schreitet – ein Wohnungsbeben – in die Küche. Sie stemmt den Wasserkessel unter den Hahn, so daß es den Anschein hat, als weiche dieser in die Wand zurück. Während der Kessel auf dem Gasherd ausvibriert, stillt sie ihren Durst und jagt mit der flachen Hand den Korken in den Flaschenhals. Dann wartet sie. Gegen kaltes Waschwasser hat sie eine Abneigung. Sie sitzt nach vorn gebeugt, läßt die Arme zwischen den Beinen hindurchhängen und wippt auf den Fußballen, wobei sie wegen der Sonnenbrille, die auf dem Inlandmarkt nicht zu ersetzen wäre, das Gesicht unbewegt erhoben hält. Sie trägt die Sonnenbrille auch in geschlossenen Räumen, weil sie es ablehnt, sich durch vorgegebene Verhaltensmuster manipulieren zu lassen. Außerdem ermöglicht es ihr die Sonnenbrille, der frustrierenden Mitwelt gelassener ins Auge zu blicken, wenn diese glaubt, ihre Unterdrückungsmechanismen in Gang setzen zu müssen, weil beispielsweise der neue Pullover seit Wochen nur während der Nachtstunden abgelegt wird, oder weil die Jeans angeblich „stehen vor Schmutz". Als handle es sich hierbei nicht um einen Akt der Revolte gegen die verlogenen bürgerlichen Kleiderzwänge und gegen Heuchelei überhaupt; abgesehen davon, daß dieser Pullover anliegt wie kein anderer und sie ihn also nicht drei Tage in der Woche ins Frottiertuch packen wird, damit er vom Spülwasser genesen kann. Und abgesehen davon, daß sie in frischgewaschenen Jeans wie ein Konvertit aussehen würde. – Eine Spur aus verschüttetem Wasser und Straßenstaub hinterlassend, zieht sie sich ins Bad zurück. Der Stuhl bleibt mit der Lehne zum Tisch gekehrt. Die Tür schwingt in den Angeln.

Nach einer Stille von fast besorgniserregender Dauer läßt sie durch ein schußartiges Schließgeräusch wissen, daß ihre Toilette beendet ist. Wie vordem trägt sie den an seinem Grunde rosa-hellblau-weißgestreiften Pullover, ihre auf ungezählten Treppenstufen, Bordsteinen und Schulbänken graugescheuerten Blue jeans und die Sonnenbrille. Sie hält die Finger gespreizt und fährt in die Sandaletten mit der Grazie einer Balletteuse, damit der signalrote Nagellack nicht verwischt. Halb schon im Hausflur sagt sie „Ciao!" und „Vielleicht sehen wir uns dort!", womit sie das in dreieinhalb Stunden beginnende Konzert meint.

BALLAST

Selbstverständlich wird sie einmal in einer Kommune leben. Jeder wird nur das tun, was ihm Spaß macht, und jeder wird das, was ihm Spaß macht, für die anderen mittun. Für sie werden andere mit das Brot schneiden (falls es dort keine Brotschneidemaschine geben sollte), mit das Geschirr säubern (falls es dort keine Geschirrspülmaschine geben sollte) und morgens die Bettdecke aus einem spiralförmigen in einen mehr oder weniger rechteckigen Gegenstand zurückverwandeln (falls man dort Wert darauf legen sollte).

Wozu sich also Fertigkeiten aneignen und Reflexe einhämmern, die man später niemals brauchen wird?

ORDNUNG

Die Mädchen und Jungen, die sich auf die Eckbank der leeren Bahnhofshalle setzten, kamen aus einem Jazz-Konzert. Ihr Gespräch verstummte rasch. Einer nach dem anderen legten sie den Kopf auf die Schulter ihres Nebenmanns. Der erste Zug fuhr 4.46 Uhr.

Zwei Transportpolizisten, einen Schäferhund an der Leine, erschienen in der Tür, wandten sich der Bank zu und zupften die Schlafenden am Ärmel. „Entweder Sie setzen sich gerade hin, oder Sie verlassen den Bahnhof, Ordnung muß sein!"

„Wieso Ordnung?" fragte einer der Jungen, nachdem er sich aufgerichtet hatte. „Sie sehen doch, daß jeder seinen Kopf gleich wiedergefunden hat."

„Wenn Sie frech werden, verschwinden Sie sofort, verstanden?" Die Polizisten gingen weiter.

Die jungen Leute lehnten sich nach der anderen Seite. Zehn Minuten später kehrte die Streife zurück und verwies sie des Bahnhofs.

Draußen ging ein feiner Regen nieder. Der Zeiger der großen Uhr wippte auf die Eins wie ein Gummiknüppel.

ELEMENT

Auf sein Bücherbrett im Lehrlingswohnheim stellte Michael die Bibel. Nicht, weil er gläubig ist, sondern weil er sie endlich einmal lesen wollte. Der Erzieher machte ihn jedoch darauf aufmerksam, daß auf dem Bücherbrett eines sozialistischen Wohnheims die Bibel nichts zu suchen habe. Michael weigerte sich, die Bibel vom Regal zu nehmen. Welches Lehrlingswohnheim nicht sozialistisch sei, fragte er, und da in einem sozialistischen Staat jedes Lehrlingswohnheim sozialistisch ist und es nicht zu den Obliegenheiten der Kirche gehört, Chemiefacharbeiter mit Abitur auszubilden, folgerte er, daß, wenn der Erzieher recht behalte, in einem sozialistischen Staat niemand Chemiefacharbeiter mit Abitur werden könne, der darauf besteht, im Wohnheim auf sein Bücherbrett die Bibel stellen zu dürfen. Diese Logik, vorgetragen hinter dem Schild der Lessing-Medaille, die Michael am Ende der zehnten Klasse verliehen bekommen hatte (Durchschnittsnote Einskommanull), führte ihn steil unter die Augen des Direktors: Die Bibel verschwand, und Michael dachte weiterhin logisch. Die Lehrerin für Staatsbürgerkunde aber begann, ihn als eines jener Elemente zu klassifizieren, die in Mendelejews Periodischem System nicht vorge-

sehen sind und durch das Adjektiv „unsicher" näher
bestimmt werden.

2

Eines Abends wurde Michael zur Betriebswache gerufen. Ein Herr in Zivil legte ihm einen Text vor, in
dem sich ein Ich verpflichtete, während der Weltfestspiele der Jugend und Studenten die Hauptstadt nicht
zu betreten, und forderte ihn auf zu unterschreiben.
– Warum? fragte Michael. Der Herr blickte ihn an,
als habe er die Frage nicht gehört. – Er werde während
der Weltfestspiele im Urlaub sein, sagte Michael, und
unter seinem Bett stünden nagelneue Bergsteiger-
schuhe, die er sich bestimmt nicht zu dem Zweck an-
geschafft habe, den Fernsehturm am Alex zu bestei-
gen. Er werde während der Weltfestspiele nicht einmal im Lande sein. – Dann könne er also unterschreiben, sagte der Herr, langte über den Tisch und legte
den Kugelschreiber, der neben dem Blatt lag, mitten
aufs Papier. – Aber warum? fragte Michael. Der
Text klinge wie das Eingeständnis einer Schuld. Er sei
sich keiner Schuld bewußt. Höchstens, daß er einmal
beinahe in einem VW-Käfer mit Westberliner Kenn-
zeichen getrampt wäre. Damals hätten sich die Sicher-
heitsorgane an der Schule über ihn erkundigt. Das sei
für ihn aber kein Grund zu unterschreiben, daß er
während der Weltfestspiele nicht nach Berlin fahren
werde. – Was für ihn ein Grund sei oder nicht, das
stehe hier nicht zur Debatte, sagte der Herr. Zur De-

batte stehe seine Unterschrift. – Aber das müsse man ihm doch begründen, sagte Michael. – Wer hier was müsse, sagte der Herr, ergäbe sich einzig aus der Tatsache, daß in diesem Staat die Arbeiter und Bauern die Macht ausübten. Es empfehle sich also, keine Sperenzien zu machen. – Michael begann zu befürchten, man könnte ihn nicht in die Hohe Tatra trampen lassen, verbiß sich die Bemerkung, daß er die letzten Worte als Drohung empfinde, und unterschrieb.

Zwei Tage vor Beginn seines Urlaubs wurde ihm der Personalausweis entzogen und eine provisorische Legitimation ausgehändigt, die nicht zum Verlassen der DDR berechtigte und auf der unsichtbar geschrieben stand: Unsicheres Element.

3

Mit der topografischen Vorstellung von der Hohen Tatra im Kopf und Bergsteigerschuhen an den Füßen, brach Michael auf zur Ostsee. Da es für ihn nicht günstig gewesen wäre, von Z. aus zu trampen, nahm er bis K. den Zug. Auf dem Bahnsteig von K., den er mit geschulterter Gitarre betrat, forderte eine Streife ihn auf, sich auszuweisen. „Aha", sagte der Transportpolizist, als er des Ausweispapiers ansichtig wurde, und hieß ihn mitkommen. Er wurde zwei Schutzpolizisten übergeben, die ihn zum Volkspolizeikreisamt brachten. „Alles auspacken!" Er packte aus. „Einpacken!" Er packte ein. „Unterschreiben!" Zum zweitenmal unterschrieb er den Text, in dem sich ein

Ich verpflichtete, während der Weltfestspiele die Hauptstadt nicht zu betreten. Gegen vierundzwanzig Uhr entließ man ihn. Am nächsten Morgen – Michael hatte sich eben am Straßenrand aufgestellt, um ein Auto zu stoppen – hielt unaufgefordert ein Streifenwagen bei ihm an. „Ihren Ausweis, bitte!" Kurze Zeit später befand sich Michael wieder auf dem Volkspolizeikreisamt. „Alles auspacken!" Er packte aus. „Einpacken!" Diesmal wurde er in eine Gemeinschaftszelle überführt. Kleiner Treff von Gitarren, die Festival-Verbot hatten: Sie waren mit einem Biermann-Song oder mit der Aufschrift ertappt worden: WARTE NICHT AUF BESSRE ZEITEN. Sein Name wurde aufgerufen. „Wohin?" – „Eine Schweizer Kapelle braucht einen Gitarristen", sagte der Wachtmeister ironisch. Er brachte ihn nach Z. zurück. Das Konzert fand auf dem Volkspolizeikreisamt statt. „Sie wollten also nach Berlin." – „Ich wollte zur Ostsee." – Der Polizist entblößte ihm die Ohren. „Wenn Sie noch einmal lügen, vermittle ich Ihnen einen handfesten Eindruck davon, was die Arbeiter-und-Bauern-Macht ist!" Michael wurde fotografiert (mit Stirnband, ohne Stirnband) und entlassen. Um nicht weiterhin verdächtigt zu werden, er wolle nach Berlin, entschloß er sich, zuerst nach Osten und dann oderabwärts zur Küste zu trampen. In F. erbot sich ein Kraftfahrer, ihn am folgenden Tag unmißverständlich weit über den Breitengrad von Berlin hinaus mitzunehmen. „Halb acht vor dem Bahnhof." Halb acht war der

Bahnhofsvorplatz blau von Hemden und Fahnen: Man sammelte sich, um zu den Weltfestspielen nach Berlin zu fahren. Ein Ordner mit Armbinde fragte Michael, ob er zu einer Fünfzigergruppe gehöre. – „Sehe ich so aus?" – Der Ordner kam mit zwei Bahnpolizisten zurück. „Ihren Ausweis!" Michael weigerte sich mitzugehen. Er erklärte. Er bat. Sie packten ihn an den Armen. Bahnhofszelle. Verhör. Die Polizisten rieten ihm, eine Schnellzugfahrkarte zu lösen und zurückzufahren. Er protestierte. Er habe das Recht, seinen Urlaub überall dort zu verbringen, wo er sich mit seinem Ausweis aufhalten dürfe. – Er müsse nicht bis Z. zurückfahren, sagten die Polizisten, sondern nur bis D. Falls er jedoch Schwierigkeiten machen sollte, zwinge er sie, das Volkspolizeikreisamt zu verständigen, und dann käme er nicht zu glimpflich davon. Ein Doppelposten mit Hund begleitete ihn an den Fahrkartenschalter und zum Zug. „Wenn Sie eher aussteigen als in D., gehen Sie in U-Haft!" Auf allen Zwischenstationen standen Posten mit Hund. In D. erwarteten ihn zwei Polizisten und forderten ihn auf, unverzüglich eine Fahrkarte nach Z. zu lösen und sich zum Anschlußzug zu begeben. Er gab auf. Auf dem Bahnsteig in Z. wartete er, bis die Polizisten auf ihn zukamen. Nachdem sie Paßbild und Gesicht miteinander verglichen hatten, gaben sie ihm den Ausweis zurück. „Sie können gehen." – „Wohin?" fragte Michael.

*Hier wird nicht gespielt! Eure Zeit ist vorbei, geht
nach Hause!
(Polizeistreife zu Jugendlichen, die am 8. August 1973,
drei Tage nach Abschluß der Weltfestspiele, auf
dem Alexanderplatz Gitarre spielten.)*

Als Michael aus den Bierstuben kam, wirkte der
Platz wie leergekippt. Unterhalb des Waren-
hauses sprang ein Motor an: Der Jugend-Müll wurde
eben abgefahren. Und eine Scherbe schändete den
Platz: er. Zwischen Posten, die dastanden wie schnell
gewachsene Gehölze. Polizeigrün. Immergrün.
Seine Gitarre lag nicht mehr auf dem Brunnenrand.
Sie hatten seine Gitarre. Sie hatten eine Geisel.
Der Polizist sagte: „Ihre Gitarre suchen Sie? Kommen
Sie mit."
Während Michael im Gang des Polizeigebäudes neben
den anderen stand, das Gesicht zur Wand und die
Arme erhoben, wurde der Tag ausgeschrien. „Schuhe
ausziehn! Wenn du nicht sofort die Schuhe ausziehst,
kriegst du eins in die Schnauze, und wo *die* Pfote
hinhaut, dort wächst kein Gras mehr!"
Sie hatten auf der Brunneneinfassung gesessen: Lehr-
linge, Schüler, Rentner. Viele Passanten waren stehen-
geblieben und hatten ihnen Beifall gespendet, vor

allem den beiden Ungarn. Der eine hatte fast Funken aus den Saiten geschlagen.

Auf dem Ordnungsstrafbescheid über 10 Mark, mit dessen Entgegennahme Michael um drei Uhr morgens sein Instrument auslöste, stand: Störung des sozialistischen Zusammenlebens (Spielen mit Gitarre).

LITERATURUNTERRICHT

S ie war außer sich. Der Lehrer hatte Pasternak und Solschenizyn als Gesindel bezeichnet. „Kannst du dir das vorstellen?" sagte sie. Und von neuem: „Das mußt du dir mal vorstellen!" Was der Nobelpreis wert sei, könne man daran erkennen, daß Gesindel wie Pasternak und Solschenizyn ihn erhalte, hatte der Lehrer gesagt. Sie hatte Übelkeit vorgetäuscht und das Klassenzimmer verlassen. „Da kannst du doch nicht einfach ruhig sitzen bleiben", sagte sie.
Ich sagte: „Aber bei uns ist doch ein Buch von Pasternak erschienen."
„Welches?"
„Initialen der Leidenschaft."
„Wann?"
Ich nahm den Gedichtband vom Regal und schlug ihr das Impressum auf.
„Neunundsechzig? Bei uns? Bei uns erscheint Gesindel?!" Sie faßte sich mit beiden Händen an die Stirn. „Und ich hab das nicht gewußt!" Sie war zerknirscht.

ERBE

Infolge ihres oftmals eigenwilligen Verhaltens erfüllt sie nicht immer die Normen, die an eine Schülerin der Erweiterten Oberschule gestellt werden müssen. (Zeugnis, 30. 6. 1972)

Ein Mal – ein einziges Mal – habe ich es bedauert, daß der mich immer häufiger quälende Traum, ich ginge von neuem zur Oberschule, nur ein Traum ist. Das Thema ihres Hausaufsatzes lautete: *Warum müssen wir uns Goethe kritisch aneignen – dargestellt an einem Beispiel,* und der Lehrer hatte gesagt, die Betonung liege auf *kritisch.* Diesen Aufsatz hätte ich gern geschrieben.

Als *Beispiel* hätte ich Eckermanns Gespräch mit Goethe gewählt, in dem die Rede auf die jungen Engländer und die jungen Deutschen kommt und Goethe sagt: „Das Glück der persönlichen Freiheit, das Bewußtsein des englischen Namens und welche Bedeutung ihm bei anderen Nationen beiwohnt, kommt schon den Kindern zugute, so daß sie sowohl in der Familie als in den Unterrichtsanstalten mit weit größerer Achtung behandelt werden und eine weit glücklich-freiere Entwicklung genießen als bei uns Deutschen . . . Es geht bei uns alles dahin, die liebe Jugend frühzeitig zahm zu machen und alle Natur, alle Originalität und alle Wildheit auszutreiben, so daß am Ende nichts übrigbleibt als der Philister." Die Betonung hätte ich auf *kritisch* gelegt.

Freitagvormittag ist Vorlesungsschluß, der kommende Montag Staatsfeiertag, und da der Staat ein Vierteljahrhundert besteht, wird am Freitag, fünfzehn Uhr, vom Flußbahnhof ein Sonderzug mit eintausend Jugendlichen nach der Hauptstadt abfahren, mit eintausend Auserwählten, zu denen sie, die beiden Studenten, nicht gehören, zu denen keiner ihres Studienfachs gehört, nur zieht's auch sie in die Metropole, hinaus aus der kleinen Universitätsstadt, auch sie hungert's nach Erlebnissen – Theologie hin, Theologie her. Sie fragen nach in den Büros, ob nicht doch noch eine Teilnehmerkarte... aber nein, Kopfschütteln, Bedauern, und da sie genötigt sind, mit der Mark zu rechnen, rechnen sie mit der Wahrscheinlichkeit: Von eintausend Menschen werden mindestens zwei erkranken, für die sie einspringen werden. Und um recht unauffällig einspringen zu können, zieht der eine sein Blauhemd an, der andere schnürt den Anorak bis obenhin zu, was auf dem Bahnhofsplatz gut ins Bild paßt, denn viele tragen den Anorak über dem Blauhemd, und als eine Fünfzigergruppe abgezählt hat, zählen sie sich beim Abmarsch dazu und dürfen den polizeilich abgesperrten Bahnsteig durch den polizeilich abgesperrten Bahnhofszugang betreten. Der Doppelstockwagen bietet Sitzplätze genug, und nur, als der Gruppenleiter die Namen aufzurufen und auf einer Liste abzuhaken beginnt, ziehen sie es vor, auf die Plattform zu gehen und eine Zigarette zu rauchen. Auch die zweite Kontrolle, bei der nicht der Name aufgerufen, sondern jeder nach seinem Namen gefragt wird, überstehen sie auf der Plattform, und sie suchen sie auch zum dritten und vierten Mal auf, als die Teilnehmerkarten vorgezeigt werden müssen und die Quartiere vergeben werden. Inzwischen fährt der Zug, Plätze werden getauscht, man geht von unten nach oben und von hüben nach drüben, und auf den Knien liegen die ersten Taschen, um den Skatkarten als Unterlage zu dienen. Da tritt ein Herr in Mantel auf die beiden Studenten zu, fordert sie auf, ihre Teilnehmerkarten vorzuzeigen, bittet um ihre Personalausweise, behält sie ein und sagt: „Kommen Sie mit!" Das Verhör in einem der Sonderabteile an der Spitze des Zugs währt nicht lange, denn die Wahrheit ist kurz. Ihnen wird befohlen, auf dem Gang zu warten, und als sie dort eine gute Stunde gestanden haben, hält der Zug, der nirgends halten sollte, sie sind in H., der Bahnsteig ist von Polizisten besetzt, und über Lautsprecher sagt eine Stimme, die Worte pausenlos wiederholend: „Bitte, nicht aussteigen! Türen nicht öffnen!", was selbstverständlich nicht für den Transportpolizisten aus dem Sonderabteil gilt. Als hätte ihnen der Lokführer das Trittbrett genau vor die Stiefel gefahren, stehen vor der Tür vier Polizisten und blicken nach den Studenten.

Die beiden haben einen Zug benutzt, den zu benutzen sie nicht berechtigt waren. Da kann man nicht beide Augen zudrücken und sagen: Wenn ihr einmal da seid, wird sich auch ein Quartier für euch finden. Da kann man auch nicht nur ein Auge zudrücken und sagen: Um Quartier müßt ihr euch aber selbst kümmern. Man kann auch nicht einfach den Zugführer rufen, damit er ihnen den Fahrpreis abverlangt, selbstverständlich mit Zuschlag, oder den doppelten Fahrpreis – zur Strafe. Jugend hin, Jugend her. Da wird abgeführt.

WEIHNACHTEN

Sie saß neben mir auf der Bank und badete ihr Gesicht in der Sonne. Sie hatte ihre Augenbrauen ausgewechselt, mit Pinzette: ein für allemal. Die neuen waren strenge Linien, die von der Kindheit trennten.

Wir schwiegen, sie bei geschlossenen Augen. Doch wer weiß, was sie sah, denn plötzlich sagte sie: „Wenn doch schon Weihnachten wäre."

Die Rosen blühten.

„Was hast du vor zu Weihnachten?" fragte ich.

„Nichts", sagte sie. „Aber dann wäre doch Weihnachten."

Ich entsann mich, daß sie auch vergangenes Jahr nicht hatte auf den Weihnachtsbaum verzichten wollen. Geschmückt mit Lametta, Zuckerwerk und zwölf Kerzen, hatte er in ihrem Zimmer gestanden – vor einem riesigen roten Plakat mit lachendem Che Guevara.

REVOLTE

„Marcuse? Du hast ein Buch von Marcuse? Leihst du mir das mal?"
Ich sagte, in diesem Buch sichte Marcuse die Philosophie von sechshundert vor Christi bis zur Gegenwart.
„Macht doch nichts."
Zweieinhalb Jahrtausende Philosophie, das sei schon etwas, sagte ich. Da könne einem mit sechzehn der Durchblick schon noch fehlen.
„Trotzdem. Ich muß das unbedingt lesen."
Ich gab ihr das Buch. Mir täte es nur leid, sagte ich, wenn sie es nach den ersten Seiten weglege, um es nie wieder in die Hand zu nehmen.
„Ach, bestimmt nicht. Wenn's von dem ist."
Ich sagte, sie wisse, daß es zwei Marcuse gibt.
„So? Aber der hier, das ist doch der, der die Studentenrevolten gemacht hat?"
Sie meine Herbert Marcuse, sagte ich. Das hier sei Ludwig Marcuse. In diesem Buch gehe es darum, was den Menschen zum Menschen macht.
„Ach so." Ihr Blick streifte den Buchrücken. „Dann brauche ich's nicht."

FLUGBLÄTTER

Angenommen", sagte sie, „du könntest jetzt ein
Flugblatt machen. Was würdest du da schreiben?" Da meine Brauen auf Mitte rückten, setzte sie
hinzu: „Ich habe keine Blödheiten vor. Einfach nur so.
Ist doch interessant."

„Schreiben? Nichts", sagte ich. „Da gibt es anderes,
was auf Flugblättern unter die Menschen gebracht
werden müßte."

„Und das wäre?"

„Darüber müßte ich genau nachdenken."

„Denk doch mal nach", sagte sie.

. . .

FLUGBLATT NR. 1

„Und wenn alles vorüber ist –; wenn sich das alles
totgelaufen hat: . . . die Wonne, in Massen aufzu-
treten . . . und in Gruppen Fahnen zu schwenken . . .
Dann wird einer kommen, der wird eine geradezu
donnernde Entdeckung machen: er wird den Einzel-
menschen entdecken. Er wird sagen: es gibt einen Or-
ganismus, Mensch geheißen, auf den kommt es an.
Und ob der glücklich ist, das ist die Frage. Daß er frei
ist, das ist das Ziel. Gruppen sind etwas Sekundäres . . .

der Staat ist etwas Sekundäres. Es kommt nicht darauf
an, daß der Staat lebe – es kommt darauf an, daß der
Mensch lebe!"
Kurt Tucholsky

FLUGBLATT NR. 2

„Wir müssen meiner Meinung nach darauf Wert
legen, daß wir... unser kostbarstes Gut, die jungen
Menschen, überhaupt unsere Menschen, vor den Be-
schädigungen des gesellschaftlichen Apparates schüt-
zen. Es ist nicht so, daß sich nur unsere Sprache in
Kauderwelsch verwandelt oder zu verwandeln droht.
Es ist sogar so, daß viele Begriffe nicht mehr da
sind, die unsereinem, als wir aufwuchsen, selbstverständlich waren, z.B. der Begriff der Muße, daß ein
Mensch spazierengehen muß, um Gedanken zu fas-
sen, daß ein Mensch imstande sein muß, sich einzu-
schließen oder isoliert auf eine Bank zu setzen und
etwas zu lesen, ohne daß das zu einer Instruktion wird,
ohne daß er gefragt wird, ob das in Übereinstimmung
mit irgendeiner Verpflichtung geschieht... Es muß
also, glaube ich, ... eine Warnung ausgesprochen werden vor der zu großen Inanspruchnahme des einzelnen und vor dem Ausradieren der Freiheit, der
Muße im Zusammenleben unserer Landsleute...
Humanismus und stramme Organisation haben sich
immer widersprochen. Selbst die Jesuiten, welche uns

eine sehr große geistige Potenz hinterlassen haben, waren in ihrer Organisation nicht so angespannt wie wir ..."
Arnold Zweig, Dresden 1954

FLUGBLATT NR. 3
(besonders für Verkünder von Überzeugungen)

„Wir müßten ... uns ... zu der Einsicht bequemen, wir könnten überall dort einem Wahn verfallen sein, wo wir meinen, etwas sei ‚felsenfest' sicher. Von der Bescheidenheit, solch kardinale Irrtümer als Möglichkeit in uns anzuerkennen, hängt es ab, ob die Menschheit vom Leiden der Vorurteile befreit werden oder weiter an ihnen dahinsiechen wird. Die Heilungschancen scheinen von der Geduld und von der Freundlichkeit abzuhängen, mit der wir in Kindertagen auf das Leben unter unsergleichen vorbereitet werden."
Alexander Mitscherlich

FLUGBLATT NR. 4
(besonders für junge Menschen, deren Ideal es ist, die Jugend unter dem Apfelbaum liegend zu verbringen)

„Jeden Tag denke ich daran, daß mein äußeres und inneres Leben auf der Arbeit der jetzt lebenden sowie schon verstorbenen Menschen beruht, daß ich mich

anstrengen muß, um zu geben, im gleichen Ausmaß, wie ich empfangen habe und empfange."
Albert Einstein

FLUGBLATT NR. 5
(besonders für ungeduldige junge Menschen)

„Man macht keine Revolution, indem man aufbegehrt; man macht eine Revolution, indem man die Lösung bringt."
Le Corbusier

TAKTIK

Vor dem Pädagogischen Rat einer sozialistischen Schule dürfe er schon einmal aus der Schule plaudern, sagte der Staatsanwalt. Bekanntlich sei überall dort, wo die Jazz-Band von Ober-W. gespielt habe, Neckermann eine Modenschau sicher gewesen: Es habe gewimmelt von Blumenhemden. Ein harter Kern von Fans sei der Band systematisch hinterhergetrampt. Nun hätte man dem einen Riegel vorschieben können, indem man die Band kurzerhand verboten hätte. Nur: Wären durch dieses Verbot die ideologischen Wurzeln bloßgelegt worden? Also habe man sich für die politisch einzig richtige Taktik entschieden: die Mobilisierung der öffentlichen Meinung. Um das dafür notwendige Tatsachenmaterial zu organisieren, habe es, als die Band in A. aufgetreten sei, in A. und Umgebung weder eine unkontrollierte Scheune, noch eine unbeobachtete Hollywoodschaukel gegeben – Hollywoodschaukeln in Kleingartenanlagen genössen bekanntlich besonderen Zuspruch, da die unbefugten Benutzer davon ausgingen, daß der Zaun, über den sie steigen, von anderen respektiert wird –, und um schlagendes Bildmaterial für die Zeitung sicherzustellen, seien Pressefotografen eingesetzt worden. Doch – und das sage er ganz offen – es habe keinen einzigen Versuch illegaler Übernachtung gegeben, und es seien auch keine Schlägereien oder sonstiges Rowdytum festzustellen gewesen. Die Fans hätten nicht getanzt, sondern nur der Musik zugehört, die zwar von ohrenbetäubender Lautstärke gewesen sei, aber Lautstärke lasse sich bekanntlich nicht fotografieren. Inzwischen wisse man, daß die gegnerische Losung gelautet habe, keinerlei Ordnungswidrigkeiten zu begehen, um den staatlichen Organen das Eingreifen zu erschweren, und die Disziplin, mit der diese Losung befolgt worden sei – auf dem Weg zum Bahnhof habe man sich nicht einmal eine nächtliche Ruhestörung zuschulden kommen lassen, obwohl man sonst meist laut grölend abziehe –, diese Disziplin lasse die Organisiertheit des Ganzen erkennen. Die Tatsache, daß die zuständigen Mitarbeiter des Staatsapparats aus diesem Vorfall ihre – er betone: ihre – Schlüsse gezogen hätten, bedürfe wohl keiner besonderen Erwähnung. Der Vorfall gehe aber auch die Lehrer an – ja, vor allem die Lehrer, denn er zeige, daß, wenn die Schule ihren Einfluß nicht rechtzeitig geltend macht, wenn sie nicht jede Gelegenheit nutzt, die Jugend vor den Manipulationen des Gegners zu bewahren, die Staatsmacht in Situationen geraten könne, in der nicht mehr sie über ihre Taktik bestimmt, sondern der Gegner, was im vorliegenden Fall bedeutet habe, die Band aus Ober-W. schließlich doch auf rein administrativem Weg zu verbieten.

PARDON

Zur Englischstunde, die sie privat bei einer betag-
ten Miss nimmt, befördert sie ihre Bücher in
einer Umhängetasche aus grobem ungebleichten
Leinen, die in der Art eines Infanterie-Brotbeutels ge-
schneidert und englisch beschriftet ist. Als sie eines
Nachmittags, von der Englischstunde kommend, die
Schule betritt, entdeckt der Klassenlehrer den Beutel
und stellt sie zur Rede. Er dürfe wohl davon aus-
gehen, sagt er, daß jemand, der mit einem Uniform-
stück der US-Armee auf die Straße gehe, bestimmte
Sympathien zur Schau trage, und daß diese Sympathien mit dem Anspruch, in einem sozialistischen
Staat eine Oberschule besuchen zu dürfen, unverein-
bar seien. Ob sie meine, daß es für ein solches Verhalten noch einen Pardon geben könne.
Sie legt den Blick wie eine Tangente an ihn an und
schweigt.
Die Eltern werden in die Schule gebeten.
Der Aufdruck auf der Tasche lautet:

INFANTRY TROOPER'S KIT
INSTRUCTIONS FOR USE
1. Kit must always be a mess.
2. Records only – no books.
3. Keep bottom clean for pens.

4. Carry no bomb – fill with love letters.
5. Fight for peace and do not fall except in love.

(INFANTERIE-BROTBEUTEL
GEBRAUCHSANWEISUNG
1. Im Beutel hat stets Unordnung zu herrschen.
2. Nur Schallplatten – keine Bücher.
3. Halte den Boden sauber für Federn.
4. Trage keine Bombe bei dir – fülle den Beutel
   mit Liebesbriefen.
5. Kämpfe für den Frieden und stürze dich nicht
   in den Tod, sondern nur in die Liebe.)

FAHNENAPPELL

Montagmorgen stand der Direktor der Erweiterten Oberschule in X. in Uniform neben der Fahne – in der Uniform eines Offiziers der Nationalen Volksarmee, in der er den Appell nur zu bestimmten Anlässen abnahm. „Und es geht nicht", sagte er, „daß ein Schüler die Offiziere der Nationalen Volksarmee als dumm und halbgebildet bezeichnet. Von diesen Schülern müssen wir uns trennen."

(Der Leiter des Wehrkreiskommandos hatte N., Arbeitersohn und Schüler der elften Klasse, für die Offizierslaufbahn werben wollen. Ob er am Beispiel des Direktors nicht sähe, hatte der Leiter des Wehrkreiskommandos gesagt, wie allseitig gebildet Offiziere seien. N. hatte geantwortet, er habe eher den Eindruck, der Direktor sei „einseitig gebildet": Seine Erziehungsmethoden bewirkten, daß in der Schule nur noch gelernt und kaum mehr gedacht werde.)

Die Fahne war noch nicht wieder eingeholt – das Einholen fand am Sonnabend statt –, als der Schüler N. gegen elf Stimmen und bei einer Enthaltung aus der Freien Deutschen Jugend ausgeschlossen wurde.

(Vorher hatte eine Elternbeiratssitzung stattgefunden, nach der Eltern ihre Tochter aus dem Bett geholt hatten. „Daß du ja nicht für den stimmst! . . . Daß du ja nichts zugunsten von dem sagst!" Der Elternbeiratssitzung waren Klassenversammlungen gefolgt. „Wer für N. stimmt, entfernt sich vom Standpunkt der

*Arbeiterklasse." Schließlich hatte jeder der Schüler,
die als Diskussionsredner ausgewählt worden waren,
eines der schwarzen Steinchen zugeteilt bekommen,
aus denen das schwarze Bild zusammengesetzt werden
sollte: Überheblichkeit ... Thesen zur Verunsiche-
rung der Mitschüler ... Radikale Ansichten. Dabei
hatte eine Schülerin enttäuscht, indem sie gefragt hatte,
wieso dann N. würdig gewesen wäre, Berufsoffizier zu
werden.)*

Dreimal noch duldete es die Fahne, daß der Schüler N.
unter ihr stand, während sie aufstieg, mit zunehmen-
der Höhe immer gemessener, um die Mastspitze
exakt beim letzten Fanfarenstoß des Fanfarenzugs zu
erklimmen. Dann wurde N. vom Unterricht beurlaubt.
Seines nächsten Freundes nahm sich der Klassenlehrer an. „Wenn Sie den von unserer Seite abge-
brochenen Kontakt zu N. aufrechterhalten sollten,
können wir ganz leicht den Kontakt zu Ihnen ab-
brechen."

*(Der Leiter des Wehrkreiskommandos sagte zur Mut-
ter des N.: „Ich habe die Äußerung Ihres Sohnes
weder als Beleidigung meiner Person, noch als Beleidigung der Offiziere der Nationalen Volksarmee
empfunden. Aber ich kann Ihnen in diesem Fall
nicht helfen.")*

In Berlin wurde dem Antrag der Schule auf Relegie-
rung des Schülers N. stattgegeben.

*(„Ich teile Ihnen hierdurch mit, daß Ihr Sohn ...
von allen Erweiterten Oberschulen der Deutschen
Demokratischen Republik ausgeschlossen wurde. Die
Gründe und Ursachen sind Ihnen bekannt. Wir hoffen,*

daß diese Maßnahme dazu führt, daß Ihr Sohn ...
zur Einsicht kommt im Hinblick auf sein Verhalten
gegenüber den Anforderungen, die an einen jungen
Staatsbürger der Deutschen Demokratischen Repu-
blik gestellt werden müssen.")

Zu bestimmten Anlässen steht der Direktor der Erweiterten Oberschule in X. in Uniform neben der
Fahne.

BEWEGGRÜNDE

In E., sagte sie, habe sich ein Schüler erhängt. Am nächsten Morgen hätten Jungen verschiedener Klassen schwarze Armbinden getragen, aber die Schulleitung habe durchblicken lassen, daß die Armbinden als Ausdruck oppositioneller Haltung gewertet würden. Der Schüler sei Mitglied der Jungen Gemeinde gewesen und habe einen Zettel mit durchgekreuztem Totenkopf und der Aufschrift „Jesus Christus" hinterlassen. Als erste hätten die Abiturienten die Armbinden abgelegt, weil sie kurz vor den Prüfungen stehen.

Einigen Schülern, die nicht in die Klasse des Toten gehen, sei es vom Lehrer erlaubt worden, an der Beerdigung teilzunehmen, aber auf Anordnung des Direktors habe der Lehrer die Erlaubnis rückgängig machen müssen. Dem Pfarrer sei es nicht gelungen, den Direktor umzustimmen.

Die Parteimitglieder habe man angewiesen, Gespräche über den Toten zu unterbinden.

Am Tag der Beerdigung sei für die Zeit des Unterrichts ein Schülerwachdienst eingeführt worden, und die Schultür sei abgeschlossen gewesen.

BUDDHA

In dem Frankfurter Insel-Band „Aufstand der Dinge" von Erhart Kästner lese ich:
„Einhundertfünfzig Meter von der Hagia Sophia und zweihundert von der Moschee Sultan Achmeds entfernt, in der Divan Yolu Dschaddesi, gibt es ein Gartenlokal, das auch einen Innenraum und einen ersten Stock hat und sich Lale, das heißt Zur Tulpe nennt, ein Gammlertreff, emsig beflogen von Mädchen, denen es geglückt ist herunterzukommen, grauteintig, haarsträhnig, Buntfetzen, Prallschenkel, sodaß die jungen Türken, die nichts dergleichen gewohnt sind, der Profet sieht nicht gern Nacktes, sogar im Hamam, im berühmten türkischen Bad nicht, unter Männern, wo der Badeknecht durch die Zähne pfeift, wenn ein Hüfttuch verrutscht ist –: sodaß die jungen Türken, in dem Stau, in welchem sie leben müssen, gezwungen sind, ihnen nachzurufen oder ihnen den Reibedaumen zwischen zwei Fingern unter die Nase zu halten, was Die mit den Trauerblicken erwidern, mit denen sie überhaupt in die Welt sehen. Ihnen scheint das nichts auszumachen, sie sind hinweggealtert mit siebzehn. Ihre Freunde sind haarig, wobei die vollkommen zugewilderte Spielart wie auch die gestrählte, sanftsamtene vorkommt. Alle englisch sprechend, auch untereinander,

wenngleich man es unschwer heraushört, wenn ihnen die Zungen deutsch wuchsen.

Sie sind unterwegs auf der alten Opium- und Hasch-Straße, auf der alten Seiden- und Karawanen-Straße Istanbul, Ankara, Teheran, Kabul, Lahur, Nepal, denn das ist ihr Mekka. Das geht auch aus dem Schwarzen Brett in der Tulpe hervor; es ist vollgepinnt mit Gesuchen um Mitnahme, Luftreisen nicht ausgeschlossen, bei erotischen Winken, wobei man an jeden Bedarf denkt.

Es sind gute Gesichter darunter, mehr gute als andere. Einst wohlbehütete Mädchen, wie auch nicht, denn es sind Auswanderer, Protestanten, die das Drucklose der Wohlfahrt nicht aushielten, also weit mehr Sympathien verdienen als die Schwabinger oder Sylter Schwimmer auf süßer Suppe, die nach Revolution dürsten, doch nicht das Wenigste herzugeben gewillt sind, wenngleich ihnen oft gesagt wurde, daß die Erde nicht genug Stoff hätte, wenn alle Milliarden, und die noch dazukommen werden, so leben wollten wie wir.

Davon diese hier die gute Ausnahme. In Istanbul schwimmen sie durch die Menschen-Ströme der Straßen, nichts und niemanden zur Kenntnis nehmend, als ob sie eingeweiht wären; sprechen nicht mit Profanen. Es gibt für sie Herbergen, schlafen auf dem Fußboden, Schmutz, klägliche Wasser-Zapfstellen, üble Latrinen; wenn Jemand wagen würde, ihnen das daheim anzubieten.

Die Sandalen, die zwischen dem großen Zeh und dem

zweiten eine Trense haben, keine Fersen-Kappe: werden sie die zehntausend Kilometer aushalten? Hier in Istanbul mags gehen. Aber weiter dahinten? Wo das Volk so entsetzlich arm ist, daß man ihnen nicht helfen könnte, selbst wenn man verstünde, was das soll, da dort mit der Armut kein Flirt, sondern entsetzlicher Ernst ist?

Wer eine Tochter hat, die heranwächst, sitzt am Tisch, stützt den Kopf in die Fäuste und sorgt sich."

Ich weiß, nebenan, in ihrem Zimmer, liegt aufgeschlagen und umgestülpt (die Anziehungskraft der Erde als Lesezeichen) das Leipziger Insel-Bändchen „Das Leben Buddhas".

KAMASUTRA

Sie zupfte auf einer Gitarre, und es klang, als ob sie sie jäte. „Komm mich doch mal besuchen", hatte sie gesagt. Doch nicht jedes Gespräch läßt sich in jedem Augenblick beginnen, und so nahm ich zur Kenntnis, daß die Gitarre einem Jungen gehöre, und wartete. Nachdem sie mehrmals hintereinander einen Akkord angeschlagen hatte, der dem Ohr aufging, sagte sie, die Fingerstellung beibehaltend: „Der Film ist angeblich Pornografie. Wegen der Blumen im Bett, und weil sie ihm nackt den Kranz aufsetzt. Die Lehrer platzen bald." Dann schlug sie den Akkord von neuem an.

Das einzige Kino der Stadt spielte „Die Legende von Paul und Paula".

„Pornografie?" sagte ich. „Weil eine Frau aus Freude auf den Mann, den sie liebt, einen halben Waggon Blumen aufs Bett kippt? Und weil sie ihn nicht im Wintermantel erwartet?"

„Also ist das kein Porno?" Sie stellte die Gitarre zwischen ihre Knie und verschränkte die Arme vor dem Griffbrett.

„In der Pornografie kommen Menschen vor, weil die Geschlechtsteile Füße brauchen."

„Und warum zieht man sich dann so hoch an der Szene?"

„Diese Paula verwandelt ein Bett in ein Blumenbeet. Wieviele haben dem, den sie lieben, schon einmal eine Blume aufs Kissen gelegt? . . . Sie verwandelt ein Schlafzimmer, in dem auch geliebt wird, in ein Liebeszimmer, in dem auch geschlafen wird. Paula bereitet der Liebe ein Fest. Wieviele halten sie noch in Dunkelhaft?"

Sie betrachtete die bis an die Decke von selbstgegipsten Masken, Plakaten und Fotos bedrängten Wände ihres Zimmers und sagte: „Ach, ich wollte doch die Kerze anwerfen!" Auf ihrem Bettenschrank stand eine hohe Altarkerze. Ich zündete sie an.

„Aber denen geht es noch um etwas anderes", sagte ich. „Als Paula auf dem Diplomatenvergnügen aufkreuzt, sagt Paul zu ihr: Alles oder nichts willst du. Und sie antwortet: Na und? Sie hat die Halbheiten satt, die faulen Kompromisse. Und auch er hat sie schließlich satt, als er sich mit der Axt zu ihr durchschlägt. Und wenn das Schule machen würde . . ."

Am Abend brachte ich ihr das Kamasutra. Blätternd hatte ich die Zeile gefunden: Und blauen Lotos . . . Und daraus auch Kränze.

BESUCH

Jürgen und der aufdringliche Typ, der bei Biermann aufgetaucht war", sagte sie, „gehen also
zusammen zum Bahnhof Friedrichstraße, wo sich der
Typ verabschiedet, weil er plötzlich telefonieren muß,
und Jürgen fährt nach Lichtenberg zu dem Zug sech-
zehnachtundfünfzig, was der Typ mitgekriegt haben
muß oder was ihm Jürgen wohl sogar gesagt hat. Aber
vielleicht sage ich erst noch, daß Jürgen bei Have-
manns übernachtet hatte, bevor er zu Biermann gegangen war. Jedenfalls: Jürgen sitzt in Lichtenberg im
Zug, da setzt sich auf die andere Seite vom Längsgang,
aber mit dem Gesicht zu ihm, ein Mädchen, geht noch
mal kurz raus – wahrscheinlich um sich von dem, der
sie hergebracht hat, bestätigen zu lassen, daß es Jürgen
ist, der davon natürlich nichts ahnt (Jürgen sagt, das
ist ihm erst an dem Morgen aufgegangen, wo er die
Biermann-Platte aufgelegt hat, aber das kommt
noch) –, und als sie ihm wieder genau in der Optik sitzt,
fragt sie ihn, ob sie sich nicht irgendwoher kennen.
Jürgen kann sich natürlich nicht erinnern, und darauf
sie: Das wäre doch ein Grund, zusammen zu fahren.
Sie schnappt sich ihren Kram, setzt sich ihm gegenüber und fängt an zu erzählen. (Jürgen sagt: Rede-
Euphorie – irgendwie zwanghaft, also nicht nur Show;
Jürgen kennt sich da ja ein bißchen aus.) Sie erzählt,

daß sie Deutsch und Kunstgeschichte studiert, auch selber malt und Gedichte schreibt. Wenn Jürgen einen Dichter oder Maler erwähnt, registriert er bei ihr allerdings meist Fehlzündung. Dann: Auf seine Frage, was sie von Biermann kennt, sagt sie: nichts, aber im selben Atemzug fragt sie Jürgen, ob er Orwells ,Neunzehnhundertvierundachtzig' kennt, und ob man seiner Meinung nach so etwas überhaupt schreiben darf, ihrer Meinung nach nicht. Als Jürgen die Rede auf einen jungen Maler bringt, mit dem er befreundet ist, fragt sie, ob sie Jürgen nicht mal besuchen darf, und ob sie dann zu dem Maler gehen könnten. Klar, daß Jürgen ihr seine Adresse gibt. Aber als er aussteigt, hat er genug von ihr: In den drei Stunden hat die nur von sich erzählt. (Jürgen sagt, im Prinzip hat sie sich natürlich richtig verhalten: Wenn du von dir erzählst, ist der andere eher bereit, von sich zu erzählen. Und das hatte doch erst der Anfang sein sollen.) Zwei Tage später kriegt er ein Telegramm, daß sie Sonnabend kommt, und als Jürgen mit ein paar Kumpel Sonnabendnachmittag die Straße hochgeht, steht sie schon vor der Haustür. (Muß klasse Robe angehabt haben, das Weib, alles in Schwarz und so...) Er fragt sie, woher sie um diese Zeit kommt, und sie sagt, aus Berlin. Jürgen wundert sich, denn laut Fahrplan ist das kaum möglich. Naja, sagt sie, sie sei schon früher angekommen, und vom Bahnhof hätte sie jemand im Auto mitgenommen. (Jürgen vermutet, daß ihre Leute sie irgendwo abgesetzt hatten und sie nicht wußte, ob sie beobachtet worden war.) Aber sie stört dann eigentlich nicht – höchstens, daß am Anfang die Situation ein bißchen betreten ist, weil die Kumpel, die mit Jürgen gekommen sind, nicht so richtig wissen, was die von Jürgen oder was er von ihr will. Jürgen registriert bloß, daß sie auch jetzt keinerlei Fragen stellt und sich für nichts zu interessieren scheint, zum Beispiel überhaupt nicht für seine Gedichte, die er doch immer ans Regal zweckt. Sie sagt auch kein Wort zu den Bildern, die er an der Wand hat – dabei Bilder von dem Maler, den sie unbedingt kennenlernen wollte. Erst nach ein paar Stunden fragt sie plötzlich, was sie denn immer so machten hier, worüber sie sich unterhielten und ob sie ein fester Kreis wären – also Fragen, bei denen Jürgen zum erstenmal Verdacht schöpft, sie könnte nicht aus freien Stücken gekommen sein, und eine Rede abzieht, die allerdings mehr für die anderen bestimmt ist, als für sie (nur hatten die früher geschaltet als Jürgen, wie er hinterher erfuhr). Und Jürgen verdrängt den Verdacht auch gleich wieder. Als die anderen gehen, geht sie nicht, und weil Jürgen bloß die eine Schlafgelegenheit hat, rückt er für sich zwei Sessel zusammen und bietet ihr sein Bett an. Auf einmal steht sie nackt im Zimmer. Sie hätte keine Hemmungen, sich zu zeigen, weil sie in der Kunsthochschule Modell steht – die Stunde dreißig Mark, sagt sie. Und sie knallt sich auch nackt aufs Bett. Jürgen hat aber keine Lust, mit ihr zu schlafen, und sagt ihr's auch, weil er sie überhaupt nicht kennt – ist doch ein Grund. (Jürgen sagt, irgendwie hätte er ein blödes Gefühl gehabt, aber richtig durchgeblickt hätte er zu diesem Zeitpunkt noch immer nicht.) Am nächsten Morgen ist die Sache klar für ihn – ganz plötzlich, und sie scheint zu bemerken, was los ist, mustert ihn nur immerzu und sagt kaum was. Er macht Kaffee und legt dann von Biermann die Stasi-Ballade auf. Sie erschrickt, daß er ihre Halsschlagader schlagen sieht, aber sie hat sich schnell unter Kontrolle und sagt, na, über dieses Thema gäb's ja viele Lieder, das sei wohl eins von Wolf Biermann? Jürgen spielt alle Strophen ab und stellt ihr dann eine Frage nach der anderen. Und sie redet auch: Sie hat nicht studieren dürfen, hat in der Max-Hütte gearbeitet und war dann in Dresden in einen Fall von Medikamentenmißbrauch mit tödlichem Ausgang verwickelt, und als Jürgen sie fragt, wie lange sie schon bei der Firma arbeitet, die ihr unter solchen Umständen einen Studienplatz und eine Wohnung in Berlin besorgt hat (von der hatte sie ihm erzählt), sagt sie: Warum? Wieso? und: Du mußt mir helfen! Da müßte er ihre Firma umstrukturieren, sagt Jürgen, und das könnte er nicht. Außerdem wäre das undankbar von ihm, wenn man ihm solche Komplimente macht . . . Plötzlich weiß sie auch, wer Huchel ist, wer Bobrowski ist, und als Jürgen auf die Lücken hinweist, die sie in dieser Beziehung im Zug gehabt hat, sagt sie, ehe sie jetzt zu ihm gefahren sei, hätte sich einer mit ihr zwei Tage lang nur über Lyrik unterhalten. Jürgen fordert sie auf zu packen.

Da fragt sie ihn, ob er für sie ein Buch weitersenden würde: Über absurdes Theater, Rowohlt, Stempel der Deutschen Staatsbibliothek, letzte Ausleiheintragung von vor zwei Jahren . . . Jürgen fragt natürlich, woher sie das hat. Darauf sie wörtlich: Das haben wir hochgezogen. (Also glatte Falle: Beteiligung am Ringtausch gestohlener Bücher, dazu Westliteratur.) Jürgen begleitet sie zum Bus, und sie sagt fast drohend, er müsse ihr helfen, sie sei in einer schlimmen Situation. Jürgen bittet sie, ihn nie wieder zu besuchen, und noch in der Bustür sagt sie, offenbar könne er anderen Menschen überhaupt nichts geben, nicht einmal helfen könne er . . . (Sie hätte unheimlich zupackende Augen gehabt, richtig nagend, sagt Jürgen.)"

GEFANGEN

Sie hatte den „Archipel GULAG" gelesen. Gegen meinen Rat. Aber nicht die Berichte von den physischen Foltern waren es, die sie verfolgten. „Hast du das gelesen von der Ira Kalina?" sagte sie. Ich konnte mich nicht erinnern. – Im Bahnhof der Butyrka, eines Durchgangsgefängnisses, sagt ein Käufer, nachdem er die siebzehnjährige Ira Kalina entdeckt hat: Na, zeigen Sie mal her, Ihre Ware! Sie wird nackt zur Besichtigung vorgeführt.

„Wenn du dir vorstellst, daß es über Nacht wieder so werden kann", sagte sie, „es laufen doch genug herum von diesen Typen – wenn du dir das vorstellst, dann fragst du dich, warum du hier nicht doch abhaust. Lieber sich dabei abknallen lassen."

ORGELKONZERT
(Toccata und Fuge)

Die Schulbehörde in N. wies die Direktoren an zu verhindern, daß Fach- und Oberschüler die Mittwoch-abend-Orgelkonzerte besuchen. Lehrer fingen Schüler vor dem Kirchenportal ab und sagten den Eltern: Entweder-oder. Eltern sagten ihren Kindern: Entweder-oder. Bald reichten die Sitzplätze im Schiff und auf den Emporen nicht mehr aus.
(Meldung, die in keiner Zeitung stand)

Hier müssen sie nicht sagen, was sie nicht denken. Hier umfängt sie das Nichtalltägliche, und sie müssen mit keinem Kompromiß dafür zahlen; nicht einmal mit dem Ablegen ihrer Jeans. Hier ist der Ruhepunkt der Woche. Sie sind sich einig im Hier-sein. Hier herrscht die Orgel.

Alle Orgeln –
die namenlosen, von denen jede „unsere Orgel" heißt,
die berühm-
ten, die Sil-
bermann-
schen, die
Orgel im
Dom zu
Freiberg,

die kleinen, die Orgel in
der Wehrkirche zu Pom-
ßen (zwölf Register, Cim-
belton und Vogelgesang),
die machtvollen, die Naumburger Wen-
zelsorgel („Man muß aber auch ein an-
genehmes Schrecken fühlen, und mit der
bewenden Kirche gleichsam zu zittern anfangen, wenn die etlich und fünfzig Register mit dem durchdringenden Pedal
zusammen gezogen werden, die mit
einem so gewaltigen Schalle ertönen, daß
das Gehör gleichsam davon betäubet
wird, und man fast denken solte, als
wenn es ein Krachen von einem rollenden
Donner wäre"),

alle Orgeln –

die im We-
sten: die
Mühlhause-
ner Orgel Jo-
hann Seba-
stian Bachs
(„Eines
Abends ging
ich nach dem
Leipziger
Kirchhof, die
Ruhestätte

eines Großen
aufzusuchen:
viele Stunden
lang forschte
ich kreuz und
quer – ich
fand kein ,J.
S. Bach'...
und als ich
den Toten-
gräber darum
fragte, schüt-
telte er über
die Obskuri-
tät des Man-
nes den Kopf
und meinte:
Bachs gäb's
viele"),

die im Norden: die Güstro-
wer Domorgel über Bar-
lachs „Schwebendem",
dem entarteten, einge-
schmolzenen und wieder-
auferstandenen,

die im Süden: die Orgel zu Weimar,
unter deren Empore der Sarg Johann
Gottfried Herders steht („Ohne Begei-
sterung geschah nichts Großes und Gu-

tes auf der Erde; die man für Schwärmer hielt, haben dem menschlichen Geschlecht die nützlichsten Dienste geleistet. Trotz allen Spottes, trotz jeder Verfolgung und Verachtung drangen sie durch, und wenn sie nicht zum Ziele kamen, so kamen sie doch weiter und brachten weiter"),

die im Osten: die Orgel zu St. Peter und St. Paul in Görlitz, die über und über mit Sonnen bedeckte, flammende, die Licht-, die Sonnenorgel („Salve! mein schöne Grammatica und Rhetorica; Servitor! meine schöne Logica und Arithmetica; Bassio le man! meine schöne Geometrica und Astronomia. Aber sey mir tausendmal willkommen! mein löbliche, liebliche, künstliche, köstliche, vornehme und angenehme Musica! Andere seynd zwar freye Künsten, du aber bist eine freye und fröhliche Kunst; du bist eine Portion vom Himmel, du bist ein Abriß der ewigen Freuden, du bist ein Pflaster für die Melancholey, du bist ein Versöhnung der Gemüter, du bist ein Sporn der Andacht, du bist ein Arbeit der Engel, du bist ein Aufenthaltung der Alten, du bist ein Ergötzlichkeit der Jungen"),

alle Orgeln –
unter wessen Dach auch immer –
müßten mit einem Mal zu spielen beginnen,

einsetzen mit vollem Werk,

mit ihren tief-
sten Pfeifen,
den zehn-
meterhohen,
und mit ihren
höchsten,
den millime-
tergroßen,
mit ihrem
Holz und
Metall, ihren
Zungen und
Lippen;
alle Orgeln –
die im Osten, Süden, Norden, Westen,
die sechstausendeinhundertundelf klin-
genden Pfeifen in der Kreuzkirche zu
Dresden, das Betstubenpositiv der Grube
Himmelsfürst zu Freiberg, die von Bach
geprüfte Orgel zu Hohnstein, die zu
Kirchdorf, die einfach „unsere Orgel"
heißt –
sie alle müßten plötzlich zu tönen beginnen und die
Lügen, von denen die Luft schon so gesättigt ist, daß
der um Ehrlichkeit Bemühte kaum noch atmen kann,
hinwegfegen – unter wessen Dach hervor auch immer,
hinwegdröhnen all den Terror im Geiste . . .
Wenigstens ein einziges Mal, wenigstens für einen
Mittwochabend.

MENSCH

"Der Mensch, der Mensch!" sagte sie, aufbegehrend gegen das Gemessenwerden mit dem Maß der Maße. „Was ist denn der Mensch! Nicht einmal ein Virus! Schon wenn du an unsere Galaxie denkst. Und wie viele Galaxien gibt's denn!"

An einem Montagvormittag aber, während zweier Freistunden, läuft sie, nicht einmal ein Virus, von Schallplattengeschäft zu Schallplattengeschäft und fragt nach dem Konzert für zwei Cembali und Streichorchester, c-moll, Bachwerkeverzeichnis 1060, das sie am Sonntag gehört hat.

WENIGSTENS

Eine Party, die bestimmt bis gegen Morgen gehen werde, so daß es sich nicht lohne, zum Schlafen nach Haus zu kommen? Mitten in der Woche, in der Schulzeit? Ich riet ihr ab. „Am nächsten Tag werdet ihr im Unterricht durchhängen, was zu euerem eigenen Schaden sein dürfte", sagte ich. „Außerdem könnte dieser oder jener Lehrer einen Tagesordnungspunkt daraus machen."

„Juckt mich doch nicht", sagte sie.

Ich schoß mich in eine Umlaufbahn um den Schreibtisch. „Was wollt ihr?... Wissen!" sagte ich. „Zumindest solltet ihr es wollen, denn nicht mitlügen zu wollen, genügt nicht. Und wenn ich *Wissen* sage, weißt du, daß ich das exakte Wissen meine, über das die Lehrer auch verfügen. Wann also werdet ihr begreifen, daß ihr diejenigen Lehrer, die kein Interesse daran haben, euch ihr Wissen zu verweigern, nicht in eine Situation bringen solltet, in der sie denen beipflichten müssen, die euch lieber heute als morgen lossein würden? Und diesen, die in euch eine Gefahr sehen – sei's nun für das Heil der Welt, wie sie es sich vorstellen, oder sei's für ihre Karriere, um deretwillen sie das Leben jedes jungen Menschen verpfuschen, dessen Aufrichtigkeit ihnen im Weg steht – diesen Lehrern solltet ihr die Argumente gegen euch nicht noch selbst liefern – gewissermaßen auf dem Party-Tablett!"

Sie stand da, den Kopf gesenkt.

„Und denke an Born", sagte ich. – Born zählte. Neunzehnhundertachtundsechzig hatte er sich als einziger Lehrer der Schule geweigert, eine Erklärung zu unterschreiben, in der der Einmarsch in die Tschechoslowakei begrüßt worden war. Danach hatte er sich für einige Monate in eine Nervenklinik zurückgezogen. Sie wußte auch, daß er wiederholt für sie eingetreten war. Vor kurzem erst hatte ein Lehrer, der neu war an der Schule, sie auf dem Bordstein sitzen sehen und dieses Benehmen vor die Konferenz gebracht: Das sei Gammlertum, einer Oberschülerin unwürdig. Born hatte gefragt: Und einer jungen Arbeiterin? „Jedes Argument, das ihr gegen euch liefert, liefert ihr gegen ihn", sagte ich.

Plötzlich standen ihr Tränen in den Augen. Ehe sie das Zimmer verließ, sagte sie: „Wenn ihr wenigstens wie Byllis Eltern wärt: stur, alles verbieten und so, dann könnte man wenigstens was machen gegen euch!"

ZWISCHENBILANZ

Sie ist die Faust, mit der Gott auf ihre Eltern niederfährt. Aber eine Faust, die weinen kann. Mit dieser unmöglichen Metapher leben.

Café Slavia

1968

Kommt ins Slavia, wir werden schweigen.
Jiři Mahen

HINTER DER FRONT

Am Morgen des 22. August 1968 wäre meine Frau beinahe gestürzt: Vor der Wohnungstür lag ein Strauß Gladiolen. In der Nachbarschaft wohnte ein älteres Ehepaar, das einen Garten besaß und manchmal Blumen brachte. „Wahrscheinlich haben sie gestern abend nicht mehr stören wollen", sagte meine Frau.

Am Nachmittag kam sie mit drei Sträußen im Arm. „Das ist nur ein Teil", sagte sie. Sie waren in der Klinik, in der meine Frau arbeitet, für sie abgegeben worden, und außer ihr selbst hatte sich niemand darüber gewundert. Es sei doch bekannt, daß sie aus der Tschechoslowakei sei.

DER MANTEL

Die Garderobenfrau ließ meinen Mantel, den sie in einen Aufzug gehängt hatte, ins Magazin hinab, und ich betrat das Café.

Endlich stimmte die Geografie wieder für mich: Auf die großen Fensterscheiben, an denen ich mir einen Platz suchte, war die Kanonenmündung eines der Panzer gerichtet gewesen, die auch auf mich zugefahren waren.

Ich war in Prag.

Für einen Hamburger Verlag hatte ich Vladimír Holans Poem „Nacht mit Hamlet" übersetzt, und ich konnte das Buch nicht in Druck geben, ohne die Übersetzung mit dem Autor besprochen zu haben. Da es der Staatsbank Devisen bringen würde, hatte ich ein Visum für die Tschechoslowakei erhalten, in die zu reisen im Augenblick verboten war.

Hier, im Café Slavia, wollte ich Karten schreiben. Die Aushänge der Zeitungskioske waren mit großformatigen Kunstpostkarten bestückt – alte Stiche, die das mittelalterliche Prag während einer Belagerung zeigten oder in der Vogelperspektive die Schlacht auf dem Weißen Berg 1620, nach der Böhmen rekatholisiert worden war und ein großer Teil der tschechischen Intelligenz das Land verlassen hatte.

Prag, den 9. Dezember 1968.

Die Kellnerin ließ auf sich warten, was ich ohne Ungeduld registrierte. Ich bin Teetrinker, und die Kunst, Tee zuzubereiten, ist die einzige Kunst, deren Blütezeit in diesem Land noch aussteht.

Ich schrieb nach Mähren und zwei besonders sorgfältig ausgewählte Karten nach Moskau, wo mich im Frühling Freunde in das Restaurant Praga eingeladen hatten: Wir hatten auf die Tschechoslowakei angestoßen.

Als ich nach vierzig Minuten noch immer nicht bestellt hatte, machte ich eine bittende Geste zur Kellnerin – der Anstand, schien mir, gebietet es. Doch hatte ich ihre Blickhöhe offenbar unterschätzt. Mein nächstes Handzeichen, das, davon war ich überzeugt, bemerkt worden war, blieb ebenfalls erfolglos.

Ich begann zu argwöhnen, daß an meinem Tisch nicht bedient würde. Der Gast, der sich wenig später mir gegenübersetzte, hatte die Zeitung jedoch noch nicht völlig auseinandergefaltet, als die Kellnerin herantrat und ihn nach seinen Wünschen fragte. Meine Bestellung nahm sie nicht entgegen. Sie kehrte mir den Rücken zu und ging.

Mit einemmal wurde mir bewußt, daß von dort, woher ich kam, Truppen in die Tschechoslowakei eingefallen waren.

2

„Hast du diesen Mantel im Café abgegeben?" Meine
Freunde blickten einander aus den Augenwinkeln an.
Ich hatte das Firmenschild im Futter nie beachtet:
INFORM. Und in russischer Schrift: Isgotowljeno w
GDR.

„Du hast dich noch gar nicht gesetzt, da wissen die
Kellner schon Bescheid", sagte die Kollegin, die den
Kaffee einschenkte.

Einer fragte: „Was hast du gemacht dort?"

„Karten geschrieben."

„Sag nur noch, in die Sowjetunion."

Als ich bejahte, verschluckte er sich. „Daß jetzt kein
junger Donezkumpel durch Prag spaziert – dazu noch
ohne Brigade, ist doch klar."

„Wir müssen einen Ausweis für Freunde einführen",
sagte die Kollegin. Und: „Trink. Wir kochen noch
mehr."

3

Die Nachricht, mir sei in der Slávka – wie das Café
Slavia im Prager Slang heißt – der Kaffee verweigert
worden, eilte mir voraus. Wo immer ich mich ange-
sagt hatte – ich wurde mit Kaffee empfangen.

Drei Tage und drei Nächte trank ich Kaffee von einer
Stärke, die, ließe sie sich ins Militärische übertragen,
alle noch verbliebenen eingerückten Panzer außer Ge-
fecht gesetzt hätte: Die Soldaten wären hellwach nach
Haus gegangen.

MEIN FREUND,
EIN DICHTER DER LIEBE

Er ist einer der Couragiertesten zwischen March und Moldau, ein Tabu-Brecher, ein Dogmen zersetzender Ironiker: Er hatte das Frühjahr 68 mit herbeigeschrieben.

„Morgens gegen drei steht eine Frau hinter der Tür und ruft meinen Namen, und gerade diese Nacht ist Alena bei mir", sagte er. Mit Alena ist er verheiratet. Sie wohnten nicht in Prag. Er arbeitete hier nur und hatte hier ein Zimmer. „Du weißt doch, wie eifersüchtig Alena ist", sagte er. „Zum Glück hat sie einen kindlichen Schlaf. – Die draußen wartet, und ich überlege, wer das sein kann: Jana? Evička? ... Dáša? Dáša hatte ich erst vor ein paar Tagen kennengelernt. Auch ein herrliches Mädchen! Aber wenn du mit einer ein Mal geschlafen hast, erkennst du sie noch nicht gleich an der Stimme. Sie ruft wieder, klopft. Jetzt regt sich auch Alena. Ich lege ihr die Hand auf den Mund und sage, sie soll sich nicht rühren, wahrscheinlich ist das jemand, dem sie die Bar zugemacht haben, und der weitertrinken will. Dann höre ich, wie sie draußen weggeht ... Halb sieben klopft es wieder. Dieselbe Stimme. – Ich gehe aufmachen, sagt Alena. – So kannst du doch nicht, sage ich und versuche, sie davon abzubringen. – Ich bin aber neugierig, sagt sie und nimmt sich den Morgenmantel. Als ich sehe, daß die Katastrophe nicht mehr abzuwenden ist, verziehe ich mich ins Bad. Alena kommt zurück, blaß. Prag ist besetzt, sagt sie, auf dem Wenzelsplatz stehen sowjetische Panzer. – Junge, wenn du wüßtest, was da in mir vorging: War ich froh, als es nur die Panzer waren."

ABER HELDEN
(Stichworte des Mot.-Schützen M.)

Erster Alarm Ende Juli. Drei Tage, dann abgebrochen. Urlaubssperre. Begründet mit NATO-Manöver „Schwarzer Löwe" . . . Beim nächsten Alarm schon Flinte und Munition auf dem Bett. Tarnkleidung. Mittags Roter Treff. Jeden Tag aufladen, abladen . . . Erste Meldungen über Buschfunk: Tschechische Filmtruppe hätte Film unter Beteiligung der Bundeswehr drehen wollen, was die Bundeswehr zum Vorwand genommen hätte, in die Tschechoslowakei einzumarschieren. Unruhen in Prag . . . Beim Roten Treff offiziell bestätigt. Linie: Weil wir damit rechnen müssen, daß die Bundeswehr vor unserer Grenze nicht Halt macht, müssen wir notfalls angreifen . . . Unser Radio – großer Super – wird blockiert: nur noch Deutschlandsender und Radio DDR. Skala wird mit Heftpflaster überklebt. Höhere Alarmstufe. 19. 8. Frühalarm. Keine Roten Treffs mehr. 20. 8., drei Uhr dreißig, Antreten mit Sturmgepäck. Aushändigung von Truppenschutzmaske und Jumbo – Spitzname für Atomschutzplane. Wir hatten welche dabei, die hatten erst acht scharfe Schuß abgegeben. Kurz noch einmal Einrücken – außer Offiziere und Stabsfeldwebel –, dann los. Ohne Fahrtzielangabe. Und ohne Rast durch. In P . . . Panzerregiment auf Tiefladern. Am 21. früh Aufklärung auf dem Auto. Gedruckte Flugblätter:

Hilferuf aus der Tschechoslowakei an den Warschauer Pakt. Pflichterfüllung. Erste Bewährungsprobe. Hinweis auf Eid. Über den Grund des Hilferufs kein Wort . . . Die meisten betrachten das Ganze als Abwechslung. Einzige Sorge: Hauptsache, wir sind Oktober zurück. Betraf nur die EKs: Im Oktober war ihre Zeit um . . . Fahrt durch Nord- und Mittelböhmen. 30 km vor B. Stop. Wald. Führerbunker. Fünf Zelte. Soldaten müssen sich Loch buddeln, Zeltbahn drüber, fertig. Abstand Mannschaft-Offiziere sehr kraß. Noch. Aber Stimmung normal. Kaum Dienst. Täglich zwei bis vier Stunden Politunterricht. Argumentation unverändert: Einmarsch der Bundeswehr, NATO-Manöver „Schwarzer Löwe" im grenznahen Raum. Lehrbandvorträge, zum Teil mit Lichtbildern. Brillanter Vortrag über Beat mit Textanalyse von „Ich lege Feuer". Ich lege Feuer, das ist mein Schicksal. Das Politische daran: Der Mensch denkt nicht weiter. Dazu viel Beat. Außerdem Diskussion über die Beatles. Wieder mit viel Musik. Massen beruhigt. Auch politisch. Die Unruhen in Prag seien von Rowdys verursacht worden. Man sei Herr der Lage. Die militärische Aktion richte sich nicht gegen das tschechische Volk . . . Nach außen völlig abgeschirmt. Keine Zeitungen. Ein einziges Mal ND. Post: nur offene Karten mit Feldpostnummer. Textmodelle vorgelegt: Macht euch keine Sorgen, mir geht's gut. Mit Hubschrauber nach Berlin. Dort gestempelt . . . Neben uns Polen, weißer Streifen am Helm. Neben den Polen

Sowjets. Jeder in eigenem Lager . . . Plötzlich neueste Erkenntnisse über Hilferuf: Die Unruhen in Prag seien gegen Dubček gerichtet gewesen, und die Polizei hätte die Situation nicht mehr unter Kontrolle gehabt. Waffenfunde . . . Kraftfahrer bringt Story mit: Waffenbruder hat Armee-Eigentum gegen Alkohol eingetauscht. Standrechtlich erschossen . . . Panik. Roter Treff. Frage, wie das in einer sozialistischen Armee möglich ist . . . Drucksache verteilt: Was ist mein Vaterland? Kommentar zum Eid. Betonung der Ernsthaftigkeit des Eids. Wer ihn ablegt, unterstellt sich der Militärgerichtsbarkeit. Härteste Strafe, da Kriegsrecht . . . Erstmals wird bekannt, daß Kriegsrecht herrscht. Der Kupferbolzen stand uns so weit in der Hose! Angst ums nackte Leben. Jeder Schritt, jede Äußerung konnte Tod bedeuten. Zum Beispiel im Suff. Die Moral ist hin . . . Naßkaltes Wetter. Klamotten klamm, dreckig. Die EKs sehen schwarz: schon Mitte September! . . . Bis dahin normale Filme: DEFA, SU. Nichts Politisches, Unterhaltung. Jetzt Filme, um Stimmung hochzuputschen. Französisch-italienische Koproduktionen. „Tiger der sieben Meere", „Die drei Musketiere". Als das nicht mehr zieht – Sex. Schwedische Filme mit englischen Untertiteln. Für uns Stummfilme. Aber Fleisch. Einer hieß „Schwarzer Kies". Ein englischer, glaube ich. Frau mitte dreißig, ziemlich wohlhabend, pickt sich einen von der Straße auf und nimmt ihn aus als Mann. Laugt ihn aus, macht ihn fertig. Dann stößt sie ihn zurück in sein asoziales Milieu. Nur Bettszenen. Mit Vor- und Nachspiel. Die Kämpfer haben geröhrt . . . Allmählich – durch Kraftfahrer – sickert einiges von draußen durch: mißglückte Versuche, Kontakt zu Tschechen aufzunehmen. Großes Erwachen: „Ich denke, die haben uns gerufen?!" Jetzt ist klar, warum in Prag die Sowjets stehen und nicht wir. Hätte Erinnerungen geweckt . . . Der Haufen demoralisiert zum Haufen. Jedes zweite Wort ist „Heimgang". Für Guten Tag, danke – Heimgang. Einzelne Offiziere fast kumpelhaft. Vor allem, wenn ein diensthabender Soldat nachts über geheizte Fahrzeugkabine verfügt . . . Schließlich wird bekanntgegeben, Dubček sei abgesetzt. Er hätte gegenüber dem Klassenfeind nicht die notwendige Härte aufgebracht . . . Von da an gab's für alles, was schiefging, nur noch die eine Redewendung: Dubčeks letzte Rache! – Sich mit dem Büchsenöffner geschnitten: Dubčeks letzte Rache! „Dritte Kompanie Kartoffeln schälen!": Dubčeks letzte Rache! Eine Frage provozierender als die andere. Keiner hat mehr Angst. Man hätte nur noch geschossen, um das eigene Leben zu verteidigen. Ich bin in dieser Zeit gereift wie in Jahren nicht! . . . Zuletzt: Alkohol. Offiziell Alkoholverbot. Jetzt täglich eine große Flasche Bier. Unter der Hand auch Schnaps. Je nachdem, wie man bei Kasse war. Da war immer welcher . . . Am 28. Oktober Rückfahrt. Auf unserer Seite in jedem größeren Ort Halt. Junge Pioniere. Halstücher. Tee. Bürgermeister. Betriebsdelegationen. Bilder. Geklebte Mappen. Schulklassen mit Wimpeln. Auf dem Marktplatz „Manöverball". Das einzige: FDJlerinnen. Endlich mal was zum Anfassen. Vier Tage – das Ganze. Die Soldaten – nur sauer reagiert. Ausgesehen wie die Schweine. Unterwäsche in zwei Monaten dreimal gewechselt. Gestunken. Aber Helden.

HANDSCHELLEN

*Nach einer letzten Inspektion . . . wurden wir, jeder
von einem Soldaten begleitet, aber ohne Handschellen,
am 19. November 1945 zum erstenmal in den Gerichts-
saal geleitet . . .*
*(Albert Speer, Angeklagter im Nürnberger Kriegs-
verbrecherprozeß)*

Ich war nur vier Monate inhaftiert, dann kam die
Amnestie", sagte S., Pfleger in einer thüringi-
schen Heilanstalt. „Ich hatte Flugblätter gegen den
Einmarsch in die Tschechoslowakei hergestellt und in
der Nacht vom 25. zum 26. August an Bäume und
Klingelbretter gezweckt. Ungefähr acht. Aber ich hatte noch mehr. Den Text weiß ich nicht mehr genau.
Am Schluß hieß es: Bürger, erwacht! . . .
Schlecht bin ich während der Haft nicht behandelt
worden. Nur vor dem Untersuchungsgefängnis haben sie mich an den Haaren aus dem Auto gezogen . . . Und dann mußte ich nackt vor den Polizisten
stehen und die Anstaltsordung lesen . . . Einmal haben
die Schließer mit mir Fangball gespielt – das heißt,
ich war der Ball. Da wird man von einem zum anderen
gestoßen, und manche stehen so, daß man sie nicht
sieht; dann denkt man, man stürzt. Hinterher zittern
einem ganz schön die Knie . . . Zur Verhandlung bin

ich in Handschellen und unter zwei Mann Bewachung über den Gefängnishof geführt worden. Das Urteil lautete auf anderthalb Jahre Jugendgefängnis. Das ist nicht Werkhof, sondern schärfer. Aber in der Begründung hieß es, das Gericht habe mein Alter berücksichtigt, und deshalb sei die Strafe so mild ausgefallen. Ich war fünfzehn."

Ohne Hoffnung, ohne Skepsis.
*(Handschriftliche Widmung des Einkäufers der Land-
wirtschaftlichen Produktionsgenossenschaft Prosetín,
Dr. habil. Vítězslav Gardavský, ehemals Dozent für
Philosophie, Brünn, in ein Exemplar seines Buches
„Hoffnung aus der Skepsis")*

DAS BEGRÄBNIS

Es ist die Zeit der stummen Begräbnisse.
(Ein Bürger Prags)

Das Begräbnis findet heute siebzehn Uhr statt."
Der anonyme Anrufer legt auf... Begräbnis?
Wessen? Man überlegt, wen man anrufen könnte, und
erfährt: A. ist gestorben. Krematorium Motol.
Die in Motol wohnen, machen sich um sechzehn Uhr
auf den Weg. Sie wissen: Wenn ein Mann wie A. ge-
storben ist, ist es nicht ratsam, daß alle zur gleichen
Zeit auf die Straße gehen. Die Polizei könnte das miß-
verstehen. Für jene aber, die am anderen Ende der
Stadt wohnen, ist es beschwerlicher, nach Motol zu ge-
langen, so daß sie erst später kommen werden.
Die Polizei hat die Straße gesperrt und leitet alle
Autos, die zum Krematorium wollen, über Vororte
und Dörfer um.
B. wird sprechen. Man hat ihm fünf Minuten erlaubt.
B. hat gesagt: Gut, das genügt. Vor dem Krematorium sagt man ihm: Nur eine Minute! B. sagt: Gut,
das genügt. Am Sarg sagt er: „A. ist gestorben. Ich
bitte Sie, sich von den Plätzen zu erheben." Und
dann: „Ich danke Ihnen." Genau eine Minute. Aber
es ist nicht üblich, sich von den Plätzen zu erheben.
Als die Hinterbliebenen aus dem Krematorium treten,

können sie nichts sehen. Man hat die Friedhofsbeleuchtung nicht eingeschaltet. Der Weg geht bergab, und ab und zu kommen ein, zwei Stufen. Aber er ist von Menschen gesäumt. Jeder, der auf der Höhe einer Stufe steht, sagt: Stufe. So daß keiner fällt.

BERICHT EINES PRAGER
FASSADENGLASREINIGERS

Vier Monate war ich ohne Arbeit. An die siebzig freie Stellen bin ich abgelaufen – nichts. Dann endlich hatte ich eine als Fäkalisator. Aber als ich anfangen wollte, hieß es, es ginge nicht, weil ich in diesem Beruf zu viel verdienen würde. Wenn sie dir deinen Posten aberkannt haben, darfst du eben nur eine bestimmte Summe verdienen . . . Inzwischen waren sie dreimal bei mir. Du kennst viele, du warst im Auswärtigen Dienst, sagten sie, schreib auf, was du über die einzelnen weißt – und alles ist vergessen! . . . Daß ich außen stinke, hätte ich in Kauf genommen." Er neigte mir leicht sein Glas zu, dann trank er.

POST AUS BÖHMEN

Er hat ein halbes Hundert Bücher zeitgenössischer Dichtung und der Weltliteratur ins Tschechische übersetzt. Er hat ungezählte Impulse zur Verbreitung von tschechischer und slowakischer Literatur im Ausland gegeben, ausländische Übersetzer, Lektoren und Verleger beraten und ein Lebenswerk an Vor- und Nachworten verfaßt.

Als nach dem Jahr 68 hochgeachtete Wissenschaftler das Institut verlassen mußten, an dem auch er beschäftigt war, kündigte er aus Protest.

Seitdem wird in der Tschechoslowakei seinem Namen nur noch die Öffentlichkeit eines Wohnungstürschildes und einer Postanschrift gestattet.

2

Brief vom 4. Juli 1975: „Alles wird scharf überprüft. Vor allem bei meinen Kameraden ... Aus meiner Reise wird selbstverständlich nichts. Wer weiß, ob es mir in Zukunft noch erlaubt sein wird, in ein sozialistisches Land zu reisen! Man kann offensichtlich nicht begreifen, daß jemand dreihundert Leute im Ausland kennt, und daß das in meinem Beruf normal ist. Gewiß kann ich in meiner Arbeit für die tschechische Literatur im Ausland und für die ausländische Literatur hier wirkliche Positiva vorweisen. Aber erzählen Sie das jemand, der zur Kultur berufsweise für ein paar Monate gekommen ist ... Vielleicht wird es mir aber doch noch einmal möglich sein, einigen wichtigen tschechischen Büchern über die Sprachbarriere zu helfen – wenn es sein muß, unentgeltlich. Das, was der Mensch liebt, muß er sich nicht bezahlen lassen, nicht wahr?"

Brief vom 24. Oktober 1975: „Unser Sohn wurde nicht einmal zur Berufsausbildung mit Abendschule zugelassen, obwohl er bei den Prüfungen von 80 Bewerbern der beste war. Angenommen wurden 20 ... Das schreit zum Himmel, und ich wünschte, erleben zu dürfen, daß der Verantwortliche dafür büßen muß."

Karte vom 7. November 1975: „Ich mache Interlinearübersetzungen ... Wahrscheinlich vergebens. Aber etwas muß der Mensch für den größeren Ruhm der tschechischen Poesie tun! Finanziell sind wir am Nullpunkt angelangt. Aber irgendwie werden wir wohl überleben ... Unser Sohn ist sehr verbittert. Die Härte und Willkür ihm gegenüber ist zu kraß. Doch nicht nur ihm gegenüber."

3

Eine der Marken, mit denen die Briefe frankiert sind, zeigt unter der Schriftzeile *Tschechoslowakei – Befreiung durch die Sowjetarmee 1945–1975* tanzende

Sowjetsoldaten inmitten von tanzenden, Sträuße schwingenden jubelnden tschechischen und slowakischen Kindern, Frauen und Männern.

PASTEURELLA PESTIS

Bereits mit Beginn des neuen Jahres stellte Beneš 1945 in London seine Leute auf. Doktor Ducháček, ein Nationaler Sozialist und die rechte Hand des Ministers Hubert Ripka . . ., wurde plötzlich einer der führenden Politiker der Volkspartei. Ebenso der Trotzkist Pavel Schönfeld-Tigrid (Jude – Anm. d. Red.)"
Praktischer Arzt, Zeitschrift für ärztliche Fortbildung, Prag, 20. April 1975, Seite 233.

CAFÉ SLAVIA

„Die Tasche auch?" fragt die Garderobenfrau. Ich verneine, zahle und suche mir einen Eckplatz, wo ich die Tasche neben mich stellen kann. Mit einem Blatt Papier säubere ich die Tischplatte von Krümeln, Tabakresten und klebrigen Flecken. Von der Dachbalustrade des Nationaltheaters, das man durchs Fenster sieht, hängen vier riesige Fahnen herab – zwei tschechoslowakische und zwei sowjetische.
Der Tee kommt.
Ich öffne die Tasche.

Tausend Jahre tschechische Poesie. Band I–III, Prag 1974.
Jeder dieser großformatigen Ganzleinenbände ist in einer der Nationalfarben ausgestattet und hat am Kopf, ebenfalls in den Farben der Nation, je drei seidene Lesebänder. Neunhundert zweispaltig gesetzten Textseiten sind hundert ganzseitige Schwarz-Weiß-Reproduktionen von mittelalterlichen Autographen, Titelblättern kostbarer Erstausgaben und Dichterporträts angefügt. Die erste Auflage beträgt 15 000 Exemplare.
Ein Kenner sagte, die Herausgeber hätten in der mittelalterlichen Poesie religiöse Motive retuschiert, und

jeder belesene Liebhaber tschechischer Dichtung sieht auf den ersten Blick, daß im dritten, dem zwanzigsten Jahrhundert gewidmeten Band die Namen bedeutender Dichter fehlen. Einige fehlen selbst dann, wenn man als gegeben hinnimmt, daß nur Autoren aufgenommen wurden, deren Geburtsjahr vor 1920 liegt.

Jan Zahradníček, geboren 1905, ist einer der bedeutendsten Dichter seiner Generation. Gemeinsam mit anderen Repräsentanten des Katholizismus in der Tschechoslowakei wurde er 1950 wegen staatsfeindlicher Tätigkeit angeklagt und danach zehn Jahre eingekerkert. 1960, unmittelbar nach seiner Begnadigung, starb er an den Folgen der Haft. 1966 wurde er posthum freigesprochen und in vollem Umfang rehabilitiert. Sein Name fehlt.

Oder es fehlen die Namen Oldřich Mikulášek und Jiří Kolář.

Oldřich Mikulášek
DER WALD

Ich liebe den wald,
weil er nicht viel spricht,
nicht einmal zu lebzeiten.

Nur manchmal lausch ich in die nacht
nach der blutigen fehde seiner kronen
mit dem erzürnten sturm,
und mit grauen stürzt,
stein oder nicht stein,
dann auch der bach.

Nach dem tod – nur baumstämme –
leuchten sie mit den seelen verstorbener
und verwachsen mit dem hallimasch,
ihren kleinen waisen.

Sie duften, daß du dich hinknien
und das haupt zu diesen henkerstöcken neigen mußt,
um wenigstens etwas einzuatmen
vom schicksal derer, die
das ganze leben aufrecht stehen.

Jiří Kolář
AUS „BRÜCKEN"

Einer reihe mädchen mit gespreizten beinen gleich
Gleich einer sträflingskolonne
Einem lächeln gleich gefunden in den krümmungen
                                             der nacht
Allem gleich vom kamm bis zur bahre
Heben die brücken ihre nackten leiber dem himmel
                                             entgegen
So wölbt sich zwischen uns die poesie
Da aus stein dort aus stahl
Hier ein geöffneter schatz andernorts voller tanzender
                                             kinder
So wölbt sich zwischen uns die poesie
Unerbittlich
Auf leben und tod zwischen leben und tod

Dichteralmanach. Auswahl von Versen zeitgenössischer tschechischer Dichter, die mit dem Klub der Freunde der Poesie zusammenarbeiten, vorgelegt von einem Kollektiv der Redaktion Poesie, Prag 1973.
Erste Auflage 13 000 Exemplare.

Die meisten der berühmten oder bekannten Namen fehlen – Namen von Mitbegründern des Klubs, von Dichtern, die der Klub vor noch nicht langer Zeit mit prachtvollen Ausgaben ihrer Werke gefeiert hat, von jüngeren Schriftstellern, die in den sechziger Jahren alle mit ihm zusammengearbeitet haben.

Vergebens sucht man zum Beispiel die Namen Antonín Bartušek, Ludvík Kundera und Jan Skácel.

Antonín Bartušek
DIESE PAAR JAHRE

Du willst nicht aufgeben.
Noch hoffst du.
Bewahrst die fingerabdrücke auf
aller katastrophen.
Sehnst dich, sie bei der tat zu ertappen.
Der schnee fällt doppelt.
Mit einemmal haben wir graues haar,
beide.

Ludvík Kundera
NORTIA

Vor den augen der menschen
verbirgt sie ein schleier

Sie steht über allen
und außerhalb von ihnen

In ihre macht
fallen zeit und raum
In ihren domen
wird bei festlichem abschluß eines jeden jahres
in die mauer
ein nagel geschlagen

Geheimnisvolle göttin des schicksals . . .

Das menschliche schicksal
gleicht aber nicht einer mauer

Es muß
mehr als nur einen nagel ertragen

Pro tag

Versickerungen. Zwölf Gedichte von Jan Skácel, begleitet von sechs Radierungen Jiří Liškas. Fünfundzwanzig numerierte und unverkäufliche Exemplare, davon fünfzehn auf handgeschöpftem Papier. Brünn, Frühling neunzehnhundertvierundsiebzig.

Die immer wiederkehrenden Motive der Radierungen sind spähende Augen, Krallen, hackende Schnäbel, ein entblößtes Geschlecht, Grabkreuze.

BESUCHE

Böse hirschkühe kommen auf unseren hof,
kommen und stehen herum und neigen die schönen
köpfe.

Ein unbekannter geruch flößt ihnen grauen ein,
sie kosten die angst wie einen weißen brocken salz.

Mit klopfendem herzen atmen sie in unseren traum
und ziehen vom himmel das heiße heu der sterne.

Und wenn sie wieder weggehn, hinterlassen sie im staub
abdrücke böser und harter kleiner hufe.

Rudel böser hirschkühe kommen auf unseren hof,
warten die ganze nacht und gehen fort am morgen.

114

AUS „VERBOTENER MENSCH"

Und wieder bin ich unhörbar, unhörbar wie das licht.

So bis ins einzelne befasse ich mich mit der stille,
daß ich, dem tastsinn folgend, die angst durchschneide.

Die fremde und die eigene.

Und deshalb scheint's, ich gehöre zu ihnen,
wenn blinde sich umdrehn.

Gemeinsam ziehen wir im finstern uns durchs nadelöhr.

AUS „DIE, DIE VERBIETEN"

Sie fürchten sich quer, wie brücken sich fürchten,
die der schutzengel mied, die nur stein stehn an stein.
(So enden sie oft in der mitte des flusses,
bis auch er nicht mehr sein darf, nicht einmal sein.)

AUS
„DIE, DIE SICH SELBST VERBOTEN HABEN"

Solche gibt's, die leergewollt sind,
schon nur noch durch das schlüsselloch zu existieren,
und gefangen auf ihren eigenen birnen,
den nicht sehr süßen,
lehnen sie es ab, sich zu erlösen und den zaun zu über-
springen.

Sie klettern nicht vom baum, eher legen sie den kopf
in den nacken,
so entschieden,
daß sie für immer hängen bleiben,
dem stiefhimmel ein wenig näher.

Und sie werden ausgesetzt sein dem blick durchs geäst,
wenn rings um die körper das laub abfällt.

Der Fehler der Pfirsiche. Hundert Vierzeiler von Jan Skácel. Dieses Buch wurde vom Autor im Winter 1974 verlassen.

Das Werk erschien in wenigen maschinengeschriebenen Exemplaren als zweiundvierzigster Band einer Edition, in der Autoren, die in der Tschechoslowakei zur Zeit nicht publizieren können, die Existenz ihrer Werke dokumentieren. Die Edition ist unter dem inoffiziellen Namen „Petlice" (Riegel) bekannt.

XXVI
WIR SIND BETTLER UND WOLLN WENIG
UND REICHT UNS EINER EINST EIN WORT
SO SELBSTVERSTÄNDLICH WIE DAS WASSER
GEHN WIR IN WARME LÄNDER FORT

XLVIII
FORDERN WIR FÜR ALL DEN SCHMERZ
                          NICHT MEHR
NOCH WENIGER   HALTEN WIR
ZWISCHEN DEN LIPPEN DIE ROSE   GLÜCK
GIBT'S NUR FÜR TOTE UND FÜR KINDER HIER

LXXI
IN DEN SCHEUNEN TROCKNET AUF-
                    GEHÄNGTE STILLE
DIE BÄREN MEINER TRÄUME NAHMEN
                ALLE BIENENSTÖCKE AUS
DIE ZEIT BLIEB STEHN IN FERNER ZUKUNFT
UND BLEIBT VERGANGEN AUF DER TENNE
                    HINTERM HAUS

Anstelle eines Nachworts

FORSTARBEITER

Herr Doktor?"
„Ich bin nicht der Herr Doktor."

„Ach so." Der Mann, der im Dunkeln über den Zaun gerufen hatte, ging in die Laube nebenan zurück, wo man bei Harmonikamusik saß und ab und zu schallend lachte.

Obwohl ich kaum noch etwas sah, mähte ich weiter. Ich war hier, um ein Buch zu Ende zu schreiben, und da der Arzt, dem das Wochenendhaus gehört, den Besuch seiner Frau und zweier Enkel angekündigt hatte, wollte ich die Wiese geräumt haben. Wenn das Sensenblatt einen Stein streifte, schlug es Funken.

„Herr Doktor?" Wieder stand der Mann am Zaun.

„Ich bin nicht der Herr Doktor."

„Na, da komm doch du mal rüber, verdammich!" – Ich trug Sense und Wetzfaß unter das Vordach und ging hinüber.

Die Anzahl der leeren Flaschen auf dem Tisch ließ den Promillegehalt des Blutes erahnen, das hier kreiste. Man rückte noch enger zusammen, und die Frauen kreischten.

„Nun sag mir nur mal, was machst du denn da drüben?" fragte der Mann, der an den Zaun gekommen war und den ich unlängst mit einem Gespann hatte Holz schleppen sehen. „Ackerst du oder mähst du?"

Alle lachten.

„Gib's zu, du hast geackert! Das war doch ein Krachen und Blitzen!"

Er solle mich in Ruhe lassen, sagte der Hausnachbar. Das sei stellenweise Schuttgrund, er selbst habe damals den Bruch mit hingekippt . . . Außerdem sei ich Schriftsteller.

„Was bist du – Schriftsteller?" fragte der Gespannführer. Und unvermittelt laut: „Hast du Hunger?"

Mit soviel Schlüssigkeit hatte sich noch nie jemand nach meinen leiblichen Bedürfnissen erkundigt.

„Trautel" – er drehte sich nach der Frau um, die den Konsum leitete – „Trautel, hol ein Glas Wurst rüber, eins von den großen, der kriegt von mir ein Glas Wurst, der hat Hunger!"

Die Frau nahm die Aufforderung nicht ernst und lachte mir zu.

Er aber bestand darauf, daß sie mir ein Glas Wurst bringe, und so zuckte sie mit den Schultern und zwängte sich an den Knien der anderen vorbei. Sie war bereits an der Tür, als er plötzlich sagte: „Das heißt – wart mal, ich will ihn erst noch was fragen." Die anderen lärmten, und er schlug mit der Faust auf den Tisch. „Seid nur mal ruhig!" Dann blickte er mich ein wenig von der Seite an. „Schreibst du's, wie's in der Zeitung steht, oder wie's im Leben ist?"

ANMERKUNGEN

Sie (Tochter) und das erzählende Ich (Vater) sind frei erfundene Personen.

Menschenbild (I): Friedrich Wilhelm I. (1713–1740), genannt Soldatenkönig.

Element: Sollte 1973 ein Lessing-Medaillen-Träger mit Vornamen Michael Chemiefacharbeiterlehrling gewesen sein, so ist nicht von ihm die Rede. Dennoch ist nichts erfunden.

Besuch: Biermann – gemeint ist der Dichter und Sänger Wolf Biermann. Havemann – gemeint ist Professor Robert Havemann.

Kamasutra: Kamasutra – Buch der Liebeskunst von Watsjajana (Altindien).

Orgelkonzert: In der Reihenfolge der Zitate werden angeführt: Johann Christoph Altnikol, Robert Schumann, Johann Gottfried Herder und Abraham a Sancta Clara.

Jiří Mahen (1882–1939), tschechischer Dichter und bedeutender Inspirator des literarischen Lebens, beging Selbstmord; das Zitat bezieht sich auf das Café Slavia in Brünn, das in den zwanziger und dreißiger Jahren ein bekannter Künstlertreffpunkt war.

Hinter der Front: In der Nacht vom 20. zum 21. August 1968 marschierten Truppen Bulgariens, der Deutschen Demokratischen Republik, Polens, Ungarns und der Sowjetunion in die Tschechoslowakei ein.

Der Mantel: Vladimír Holan, geb. 1905, tschechischer Dichter, lebt in Prag. Isgotowljeno w GDR (Betonung: isgotowljéno): Hergestellt in der DDR.

Mein Freund, ein Dichter der Liebe: March (Morava) – Fluß in Mähren; im Unterlauf Grenzfluß zu Österreich.

Aber Helden: Mot.-Schütze – Angehöriger einer motorisierten Schützeneinheit. Roter Treff – Zusammenkunft zur (ideologisch gelenkten) Diskussion aktueller politischer Ereignisse. Buschfunk – Verbreitung von Informationen und Gerüchten durch Weitersagen von Mann zu Mann. EK – Entlassungskandidat. ND – „Neues Deutschland", Zentralorgan der Sozialistischen Einheitspartei Deutschlands; Tageszeitung in der DDR. Alexander Dubček – vom 4. Januar 1968 bis 17. April 1969 Erster Sekretär der Kommunistischen Partei der Tschechoslowakei.

Vítězslav Gardavský, geb. 1923, Studium der Philosophie und Philologie an der Karlsuniversität Prag, 1964 Promotion mit einer Arbeit über den deutschen Katholizismus, 1967 Habilitation zum Thema „Das Phänomen Deutschland"; 1966/67 Essayserie „Gott ist nicht ganz tot" in der literarischen Wochenzeitung „Literární noviny", Prag (Vorabdrucke aus dem gleichnamigen Buch); 1969 „Hoffnung aus der Skepsis" (deutsch: München 1970). Prosetín – Dorf auf dem Böhmisch-Mährischen Höhenzug.

Begräbnis: Motol – im äußersten Westen gelegener Stadtteil von Prag.

Bericht eines Prager Fassadenglasreinigers: Fäkalisator – Kloakenarbeiter.

Post aus Böhmen: Die Zitate wurden an einigen Stellen leicht abgeändert, ihre Aussage entspricht jedoch genau der des Originals. Interlinearübersetzung – allseitig erläuterte wortwörtliche Übersetzung (vorwiegend von Gedichten); Interlinearübersetzungen ermöglichen Gedichtübertragungen aus einer Sprache, die der Nachdichter nicht oder nur unzureichend beherrscht.

Pasteurella pestis: Pasteurella pestis – Pesterreger. Edvard Beneš – von 1918 bis 1935 tschechoslowakischer Außenminister, von 1935 bis 1938 und von 1945 bis 1948 Staatspräsident („... stützte sich... 46–48 ... auf reaktionäre Kräfte" – zitiert aus Lexikon A–Z in zwei Bänden, Enzyklopädie Volkseigener Verlag, Leipzig 1956).

Café Slavia: Oldřich Mikulášek, geb. 1910, tschechischer Dichter; ehemals Chefredakteur der literarischen Monatsschrift „Host do domu" (Der Gast ins Haus), herausgegeben vom Tschechoslowakischen Schriftstellerverband; lebt in Brünn. Jiří Kolář, geb. 1914, tschechischer Dichter und bildender Künstler; war in den fünfziger Jahren inhaftiert; lebt in Prag. Antonín Bartušek (1921–1974), tschechischer Dichter; mußte von 1948 bis 1966 schweigen. Ludvík Kundera, tschechischer Dichter, Dramatiker und Übersetzer, lebt in Brünn. Jan Skácel, geb. 1922, tschechischer

Dichter, letzter Chefredakteur von „Host do domu"
(bis zum Verbot der Zeitschrift), lebt in Brünn.

Zur Aussprache der im Text vorkommenden tschechischen Eigennamen: Die Betonung liegt stets auf
der ersten Silbe: á – langes a wie in Ahnung,
c–z, č – tsch wie in Tschechoslowakei, e – kurzes ä
wie in Wäsche, é – langes ä wie in Ähre, ě – kurzes
jä wie in Jäckchen, h–h (niemals stumm), í – langes
i wie in Sieb, ř – stimmhaftes rsch, s–ß wie in Kuß,
š – sch, v – w (im Auslaut f), y – kurzes i wie in Sinn,
ý – langes i, z – stimmhaftes s wie in reisen (im Auslaut ß), ž – französisches j wie in Journal (im Auslaut
sch).

Für die in diesem Buch enthaltenen Übersetzungen
aus dem Tschechischen © by Reiner Kunze.

Ich danke meiner Frau für ihre Selbstlosigkeit.
Ich danke Marcela, daß sie auch in den Jahren, in denen sie erst zu sich selbst finden mußte, ihren Vater nie
verleugnet hat.
Ich danke unseren Freunden für ihr Verständnis und
für ihre Hilfe.

Der Autor

Reiner Kunze, geboren 1933 in Oelsnitz/Erzgebirge; Bergarbeiter-sohn. Studium der Philosophie und Journalistik an der Universität Leipzig, dort von 1955 bis 1959 wissenschaftlicher Assistent mit Lehrauftrag, dann, aus dem Universitätsdienst entlassen, Hilfs-schlosser im Schwermaschinenbau. Seit 1962 freiberuflich als Schriftsteller tätig. Reiner Kunze übersiedelte 1977 von der DDR in die Bundesrepublik Deutschland. Er ist Ordentliches Mitglied der Akademie der Schönen Künste, München, Außerordentliches Mitglied der Akademie der Künste in Berlin (West) und Ordent-liches Mitglied der Deutschen Akademie für Sprache und Dichtung, Darmstadt. Literaturpreise: Übersetzerpreis des Tschechoslowaki-schen Schriftstellerverbandes (1968); Deutscher Jugendbuchpreis (1971); Literaturpreis der Bayerischen Akademie der Schönen Künste (1973); Mölle-Literaturpreis, Schweden (1973); Georg Trakl-Preis, Salzburg (1977); Andreas Gryphius-Preis (1977); Georg Büchner-Preis (1977).

Auswahl aus seinem Werk: *Sensible Wege*, Reinbek 1963; *Brief mit blauem Siegel –*, Gedichte, Leipzig 1973; *Der Löwe Leopold, fast Märchen, fast Geschichten*, Frankfurt a. M. 1971 (Fischer Taschen-buch Bd. 1534); *Zimmerlautstärke*, Gedichte, Frankfurt a. M. 1972 (Fischer Taschenbuch Bd. 1934); *Reiner Kunze, Materialien und Dokumente*. Herausgegeben von Jürgen P. Wallmann, *Das Kätz-chen*. Mit farbigen Bildern von Horst Sauerbruch, Frankfurt a. M. 1979; der Film *Die wunderbaren Jahre* (Fischer Taschenbuch Bd. 7053).

Reiner Kunze

Der Löwe Leopold
Fast Märchen, fast Geschichten.
Fischer Taschenbuch Band 1534
Ausgezeichnet mit dem Deutschen Jugendbuchpreis.

Die wunderbaren Jahre
Prosa.
131 Seiten, Leinen
Fischer Taschenbuch Band 2074

Der Film Die wunderbaren Jahre
Lesefassung des Drehbuches. Mit Original-Farb-Fotos
aus dem Film. S. Fischer Theater Film Funk Fernsehen
Originalausgabe
Fischer Taschenbuch Band 7053

Zimmerlautstärke
Gedichte.
Fischer Taschenbuch Band 1934

Schallplatte
**Reiner Kunze: Der Löwe Leopold und andere
Geschichten gelesen vom Autor.**
Langspielplatte Nr. 2 546 023
Musikkassette Nr. 3 346 023
Deutsche Grammophon Gesellschaft

Reiner Kunze. Materialien und Dokumente.
Herausgegeben von Jürgen P. Wallmann
239 Seiten, kartoniert

S. Fischer   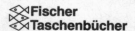 **Fischer
Taschenbücher**